本书是河北省社会科学基金项目成果（项目批准号：HB19YJ014）

隐含能源的国际流动与中国环保责任

刘 芳◎著

International Mobility of Embodied Energy and
China's Environmental Responsibility

经济管理出版社
ECONOMY & MANAGEMENT PUBLISHING HOUSE

图书在版编目（CIP）数据

隐含能源的国际流动与中国环保责任/刘芳著 . —北京：经济管理出版社，2022. 11
ISBN 978-7-5096-8819-9

Ⅰ . ①隐…　Ⅱ . ①刘…　Ⅲ . ①能源经济—研究—世界 ②环境保护—社会责任—研究—中国　Ⅳ . ①F416. 2 ②X-12

中国版本图书馆 CIP 数据核字（2022）第 215048 号

组稿编辑：范美琴
责任编辑：范美琴
责任印制：黄章平
责任校对：蔡晓臻

出版发行：经济管理出版社
　　　　　（北京市海淀区北蜂窝 8 号中雅大厦 A 座 11 层　100038）
网　　址：www. E-mp. com. cn
电　　话：（010）51915602
印　　刷：唐山玺诚印务有限公司
经　　销：新华书店
开　　本：720mm×1000mm/16
印　　张：11. 5
字　　数：152 千字
版　　次：2022 年 12 月第 1 版　　2022 年 12 月第 1 次印刷
书　　号：ISBN 978-7-5096-8819-9
定　　价：88. 00 元

前　言

自进入工业革命以来，能源就成为重要的动力来源和经济发展基础，而随着工业化进程的深入，能源稀缺性问题日渐严重，并伴随严重的气候变暖、生态系统失衡、自然环境破坏等一系列环境问题。日臻成熟的世界市场刺激国际贸易激增的同时，产业链的全球布局却掩盖了高能耗、高污染的生产环节被转移到发展中国家的现实，导致发展中国家在实现自我发展之时，被冠以"能源消耗的大户""污染排放的源头"之名。在此背景下，中国作为最具代表性的发展中国家，"中国能源威胁论""中国气候威胁论"等各种误解甚嚣尘上，中国的经济腾飞甚至被视为巨大能源消耗和污染排放的结果。

基于上述情况的存在，本书立足国际贸易的视角，从最终消费的口径计算中国的能源消耗，进一步解读中国的能源地位和环保责任。因此，本书引入隐含能源的概念，依据 WIOD 网站公布的全球投入产出表和资源账户数据，使用投入产出分析方法，测算产品和服务跨国流动中隐藏的能源消耗，从而正视中国在国际市场中的能源地位，厘清中国在国际环境保护中的责任和做出的贡献。

本书是河北省社会科学基金项目的成果（项目批准号：HB19YJ014），计算环节集中在 2019~2020 年完成，由于 WIOD 网站的数据没有及时更新，且该网站迁移至格罗宁根大学网站下后，公布 2016 年投入产出表的时间晚于本书中数据的计算环节，且未同步公布资源账户数据，考虑到数据口径和精度问题，故没有做数据的进一步更新，之后的研究倾向于选取新的数据来源，做进一步的工作。

本书的主要结论可以概括为以下四个方面：

首先，中国是典型的隐含能源净出口国，且隐含能源的出口规模和净出口规模在近几年都表现出继续扩大的趋势，而隐含能源的进口规模略有收缩。2000~2014年，中国隐含能源累计出口为1513846万吨标准煤，隐含能源累计进口为606445万吨标准煤，隐含能源净出口累计达到907401万吨标准煤。在直接能源贸易方面，我国一直是能源净进口国，净进口能源2000年为5000万吨标准煤，2014年增长到69054万吨标准煤；在隐含能源方面，我国却一直是能源净出口国，2000年隐含能源净出口规模为22635万吨标准煤，2014年增长到90009万吨标准煤；两相汇总，我国实际上一直是能源净出口国，（直接+隐含）能源总净出口规模在2008年国际金融危机之前呈现快速增长态势，峰值出现在2007年，达到55979万吨标准煤，国际金融危机后，维持在1.6亿~2.3亿吨标准煤的规模水平。从这一角度来看，中国虽然消费了全球最大的能源份额，但实际上，中国为全球消费者提供商品和服务的同时，免费提供了产品和服务中隐藏的能源消费权，而且把污染留在了国内。结合该视角，可以推导出国际上的"中国能源威胁论""中国资源环境威胁论"等论调是完全错误的。

其次，随着全球化程度的加深，国家、地区间的贸易合作达到了新的高度，隐含能源的全球流动则更为频繁，流动的规模和方向表现出新的特征。2000~2014年，除了俄罗斯隐含能源进出口总规模稳定在6亿吨标准煤到7亿吨标准煤范围，欧盟、美国、日本、印度的进出口总规模显著扩大，全球隐含能源的流入规模超过消费总规模的1/10，进一步佐证，隐藏于贸易产品和服务内的能源，已经成为国家和地区能源需求的重要来源，却因为表现形式的隐秘、规模的相对狭窄而被忽略。代表性国家和地区隐含能源的最新测算再次印证了，完成工业化的发达国家为隐含能源与隐含碳的净进口国家，而处于工业化进程中的发展中国家则为净出口国，这种流动使污染物的排放被留在了发展中国家。而且发达国家净流入规模的扩大与发展中国家净流出规模的扩大是相辅相成的，工业化完成与推进工业化的时间差，使发达国家倾向于将更多的产品生产和服务提供转移到发展中国家，相对的高能耗产品成为转移的重点。

再次，不管是中国的"双碳"目标，还是主要国家的环保工作，都关注节能减排工作的有效推进，因此需要进一步分析隐含能源规模变化的驱动因素。不管是阶段性分析还是逐年分析，出口规模都是中国及其他国家和地区隐含能源流出最主要的驱动因素，全球贸易规模的扩张必然带来隐含能源流出规模的扩大。技术进步带来能源消耗强度的降低，会减少单位产品生产所需要的隐含能源量，2000~2014 年，中国及其他国家和地区的能源消耗系数大幅下降，虽未减少隐含能源规模，却降低了强度。出口结构虽然长期发挥扩大隐含能源流出规模的效用，但是在国际金融危机后，却出现了新的趋势，中国不断推动产业结构的转型升级，由全球产业链的中下游向上游过渡，这带来中国出口结构的优化，并有效实现了对隐含能源出口的收缩效应。

最后，隐含能源及相关问题的研究和分析，关系到国际碳减排和国家环保责任划分的问题，国家作为世界主体，在被赋予资源权益的同时，必然要承担相应的环境保护的责任与义务。环境问题的全球化刺激国际环保协作的推进，并在这一过程中形成了历史排放在代际间的平衡原则，同一时期对排放能力的考虑，兼顾不同国家减排能力，逐渐形成了"生产者责任"原则与"消费者责任"原则的融合。全球化还带来了全球贸易规模的急速扩张，由此产生的隐含能源及碳排放规模也迅速扩张，已经成为当前碳排放总规模中不容忽视的板块，对以产地为主的碳排放格局造成冲击，再次印证了引入"消费者责任"原则的合理性。这种全面、兼顾的视角，对全球生态环保责任的划分更为公平，正视了中国在节能减排工作、全球环境保护工作中做出的贡献，有助于中国和其他发展中国家在今后的国际环保局面中赢得主动权。

目 录

第一章　绪论

第一节　能源压力

一、能源重要性与稀缺性之间的冲突

能源的发展历程，可以概括为四次能源革命：第一次能源革命以火的使用为标志；第二次能源革命源于工业革命，蒸汽机的广泛使用奠定了煤炭、石油重要能量来源的地位；第三次能源革命源自物理领域核反应的应用，核能发电的出现，在化石能源和传统可再生能源之外提供了新的可能空间；而当前世界正在经历第四次能源革命，即以信息技术为代表的先进技术对能源应用模式的改进，在一定程度上可以解决部分能源问题。[①] 历经四次能源革命，能源的内涵和种类发生了变化并得到了扩充，现代能源则大致可以划分为两大层次：一是一次能源，包括以煤炭、石油、天然气和核能为代表的不可再生能源，以及以水能、风能和生物质能等为代表的可再生能源；二是二次能源，即经由一次能源的直接或间接的加工或转换得到的能源，包括电力、

[①]　黄晓勇. 中国能源的困境与出路［M］. 北京：社会科学文献出版社，2015.

煤气、汽油、柴油、焦炭等。

自工业革命，也就是第二次能源革命以来，能源在国家安全、经济发展、工业化进程、居民生活等社会各方面中的作用日益凸显，已经成为全球最为重要的战略资源。能源已经逐渐摆脱工业生产动力来源的单一角色，使用范围不断扩大，利用方式逐渐多样化，内涵种类日渐丰富，已经成为行业、地区乃至国家经济增长最为重要的投入要素，成为现代经济社会发展的重要支出，是关系到国家经济发展命脉和人类生存、生活的关键物质基础。但与此同时，由于能源自身突出的自然属性，以及人类社会发展、经济增长的加速，其稀缺性特征进一步增强：首先，能源不均等、不平衡地分布在全球，与实际需求并不匹配，能源的可获得性和获得成本在很大程度上决定了国家或地区的发展进程和发展质量，这在石油利用上表现得尤为突出；其次是能源储量的有穷性，不可否认，化石能源仍是当今世界最为重要的能量源，而化石能源全球探明储量尚没有新的开采源，开采难度的加大进一步增加了开采成本，成本的压力进一步加剧了能源的紧缺；最后，发达国家的经济发展水平高，工业化经历了很长时间，能源利用已经发展到成熟阶段，而当前发展中国家的发展进程滞后于发达国家，其发展需要依赖大规模的能源投入，能源稀缺以及环保压力等全球性问题却阻碍了发展中国家的正常发展。

二、全球性的生态环保压力

除了紧缺性外，能源开采、应用还面临气候变化、环境保护等现实挑战和潜在压力。能源活动是温室气体的重要来源，能源的生产和使用会产生大量的二氧化碳，温室气体的累积已经产生温室效应，并逐渐加重，导致全球气候变暖、生态系统失衡、生存环境破坏等问题出现，使碳减排成为关系全人类生存的公共环境问题。而且不只是温室气体，能源的开采、生产和消费过程中还会带来氮氧化合物、二氧化硫、烟尘、粉尘等大气污染物的排放，不仅污染自然环境，还会对社会环境和人类身体健康造成不同程度的损害。随着发展的深入，越来越多的国家和居民认识到生态环境的重要性，并将其纳入国家发展战略。当前生态环境问题，如全球气候变暖等，已经成为全球性难题，因此国家之间的通力合作是生态环境保护工作的必然方向，从旷日持久的气候谈判到《京都议定书》和《巴黎协定》的签订，已经确立了各个国家按照一定比例分担温室气体减排量的解决途径。但是，国际合作仍充满挑战，现有全球气候合作的达成本就困难重重，且没有得到所有国家的认可，这种国际合作不具备足够的强制性和有力的处罚措施，各个国家的节能减排目标和全球总目标的实现充满不确定性。因此，生态环保压力，除了节能减排本身以外，还面临全球合作的艰难博弈。

三、国际贸易掩盖下的能源压力转移

在实现能源节约、污染物排放减少上，国家被看作是节能环保责任的承担主体和落实主体。环保责任的侧重点，不管是集中在环保责任的历史累积，还是集中于当前时代问题的缓解，国家及其地域范围都是其污染物测算和环保责任划分的依据，并基于此对国家提出节能减排的目标和要求。随着世界市场的搭建，世界贸易组织（WTO）建立起基本囊括全球所有贸易的开放、公平的贸易原则，几乎所有国家和地区都被融入这个规模庞大、联系紧密的市场框架中。市场经济是实现稀缺资源分配的高效手段，彼此优势产品或服务的交换则是世界市场建立的初衷和运转的目的，然而，同样是进行优势交换，由于发达国家早于发展中国家开始工业化，产品种类体系完整、生产技术成熟，这就很容易造成发达国家出口高附加值、处于产业链上端的产品，发展中国家则只能出口低附加值、具有资源优势的产品。世界市场使得产业链全球布局成为可能，发达国家早于发展中国家认识到工业化所带来的生态环境问题，因此有意识地将高能耗、高污染、低附加值的产品转移到发展中

国家进行生产，加之国际贸易规模的扩大，使得发达国家可以将大规模的能源消耗和污染排放的生产过程转嫁到发展中国家，通过产品进口间接满足能源消费需求。由此看来，国际贸易的频繁、产业链的全球布局，使得污染物排放量和减排责任由发达国家转移到发展中国家，而市场经济貌似等价的交换则很容易将这种转嫁隐藏起来。

四、对中国能源地位的误解

在能源消费和进口领域，中国的"大国"地位被过分误解，而在国际节能减排责任领域，中国的举措和成绩却被忽略或歪曲。根据《BP 世界能源统计年鉴》的数据，2000~2014 年，中国（不包括中国香港地区）一次能源消费规模扩大了近两倍，随后年份的能源消耗规模持续走高，截至 2020 年底，中国一次能源的年度消耗规模已经增加到 145.46 艾焦，且近十年的年均增速为 2.1%，是已统计的国家中，除挪威（8.2%）、伊朗（0.2%）外，能源消耗规模持续扩大的国家。与此同时，中国能源生产规模也稳步扩大，中国本土能源生产能力强、自给率高，却已经不能满足自身经济快速增长和居民生活的需求，仍需要依靠国外进口来补充供需缺口，中国成为世界上最大的能源进口国，2020 年的石油进口依存度稳定在 73%，天然气进口比例为 41%。此外，中国能源结构持续向绿色能源转型，在努力减少使用非可再生能源的同时积极开发可再生能源，2020 年中国可再生能源的消费增加 15%，占全球可再生能源需求的 25%。

如果仅从能源消耗的表面数据来看，中国被视为世界市场最主要的能源消费者，也是世界上污染物的最主要排放者，这也就解释了为何中国经济快速发展被误解为"中国威胁论"。但联系国际市场，中国庞大的能源消费不仅满足本土需求，中国还是公认的世界工厂，能源消费中很大份额用于产品和服务的出口，从最终消费角度来看，中国只是充当了其他国家能源消费的加工者，并将生产过程中的污染物排放留在了中国本土，国际贸易以隐晦的方式造成了对中国国际角色的极大误解，在未被补偿的同时却被要求承担更多的减排责任。

第二节　隐含能源概念的提出

自进入工业社会，能源作为重要的动力来源和经济发展的重要物质基础，渗透到每一个居民的日常生活，涉及的领域从最初的物理学，扩展到政治学、经济学，甚至是社会学、哲学等诸多领域。而到了经济发展的新时期，全球化时代到来，各个国家在政治、国际贸易上形成了相互依赖、相互依存的紧密关系，独立的个体被压缩为"全球"这一个整体，表现在能源问题上，就是能源问题不再局限于单一国家的发展和某一地域范围内的解决，越来越多的学者关注到，频繁的国际贸易使得能源依托产品和服务的进出口，在国家和地区间形成大规模、连续性、网络状的流动体系。由此，有必要从国际贸易角度探索能源问题，即隐含能源这一概念有必要纳入能源问题的分析框架。

一、隐含流概念的提出

与隐含能源（Embodied Energy）概念类似的还有隐含碳排放（Embodied Carbon）、隐含水（Embodied Water）和隐含土地（Embodied Earth）等，它们都来自隐含流（Embodied Flow）的概念，是隐含流概念的组成部分和重要内涵的具体化，由于翻译版本的不同，"Embodied Flow"有时也会被翻译为"虚拟流"，但代表与隐含流相同的内容。为了深入理解本书所分析的隐含能源的概念，先从隐含流入手，进行核心概念的解释。

隐含流也被翻译为"虚拟流"或"内涵流"，是所有隐含资源流相关研究的起点。这一概念最早出现于 1974 年，国际高级研究机构联合会（The International Federation of Institutes for Advanced Studies，IFIAS）能源分析工作组的一次会议中，出于衡量某种产品或服务生产过程中直接或间接消耗某种资源的总量的目的，第一次提出了"Embodied"的概念。在原则上，"Embodied"后的某种资源既可以是石油、煤炭、电力等能源，也可以是土地、水、劳动力等生产要素①。随着经济全球化趋势的蔓延，世界生产规模和国际贸易规模持续扩大，产业链条实现了在全球的布局，而且，以能源为代表的生产要素的稀缺及环境污染、失调破坏成为困扰可持续发展的难题，"隐含水""隐含土地""隐含能源"等概念被引入研究分析，同时，隐含流概念也得到了衍生，"隐含碳排放"用于测算隐藏在生产过程中的碳排放，不拘泥于生产要素的投入，同样地还有"生态足迹"和"能值"（Emergy）等类似的概念也同样被提出和使用，理论依据和测算方法基本是相同的。

总体来看，"隐含流"的概念在学术界基本达成了统一，大致具备两个显著的特征：一是"隐含流"来自整个生产过程，或是所消耗的某种或多种资源，或是释放的某种物质；二是"隐含流"来自技术手段计算，不能直接观察，是"看不见的"②。

二、概念衍生：隐含能源与隐含碳

由于测量、研究对象的不同，"隐含流"的概念又进一步衍生出子概念，即以能源为研究对象的银行能源，及以碳排放为研究对象的隐含碳排放。

在很长一段时间内，乃至现在，产品生产或服务提供所需要的能源消耗，被定义为获得产品或服务所需要投入的能源要素，包括石油、煤炭、天然气、

---

① Brown M. T., Herendeen R. A. Embodied Energy Analysis and Emergy Analysis：A Comparative View [J]. Ecological Economics，1996，19（3）.

② 齐晔，李惠民，徐明. 中国进出口贸易中的隐含能估算 [J]. 中国人口·资源与环境，2008，18（3）：69-75.

一次电力等，这也是通常意义上所提到的能源消费或能源消耗。但是，除了上述能源投入，生产过程中还需要使用其他产品或服务，而这些产品或服务的提供同样也需要能源作为动力来源，而随着分工专业化和生产链条的延长，这些产品或服务脱离了当前生产环节，而由其他生产链条或环节生产，这些能源消耗很容易被生产过程所隐藏。因此，一个完整且全面的产品或服务的能源消耗，就有必要考虑这些隐藏在生产过程当中的能源消耗，这也就是本书要进行研究和分析的"隐含能源"。

1974 年，国际高级研究机构联合会（IFIAS）将"隐含能源"定义为在生产过程中消耗的总能源，因此隐含能源总量应该包括直接隐含能源和间接隐含能源两部分：前者是直接使用部分，即用于消费的一次能源；后者是隐藏在商品和服务中的能源流，商品和服务来自其他部门并用于本部门的生产过程。通过上述分析，可以看到"隐含能源"（Embodied Energy）是隐含流概念的具体化，是指为了生产一定数量的产品或服务，在包括生产、加工、运输、装配等所有环节在内的整个生产过程中，所有直接或间接消耗的能源投入。① 由于直接隐含能源已经被纳入国家和经济组织等统计框架，而且研究相对成熟，因此当前研究的重点集中在间接隐含能源，有时也会直接被简称为隐含能源，这部分也是本书研究的重点。测算隐含能源的几种重要方法大多立足于该概念，主要解决两大问题：一是建立生产系统的网络，用于分析隐含能源流的流动；二是确定能耗系数，用于测算流动的规模。当前隐含能源的测算与估计，有两个研究的重点：一个是侧重生产过程的技术改进，将能源消耗细化到每一个生产环节，目的是实现节约能源消耗；另一个是侧重隐含能源的跨区域流动，在产品或服务跨区域流动的基础上，分析隐藏其中的能源流动，目的是节能减排及责任的确定。

---

① 刘会政，李雪珊. 我国对外贸易隐含能的测算及分析［J］. 国际商务——对外经济贸易大学学报，2017（2）.

与"隐含能源"类似且紧密相关的概念还有"隐含碳排放",它们既是并列关系,隐含能源又是隐含碳排放的一个重要来源,而且两者都研究能源的环境压力的评估、节能减排。隐含碳排放(Embodied Carbon),不同于生产侧的碳排放核算,该概念是从消费侧出发,核算的是某一国家最终需求引致的所有能源及其产生的碳排放,不以国家区域范围作为划分依据,不管是发生在国内还是国外的碳排放都应归为该国的环境责任,同样的概念也可以应用于某一行业或者某一产品的隐含碳排放。该核算体系考虑到了全球生产链中使用的能源以及相关的碳排放,在全球市场打破国家或地域限制的同时,隐含碳排放的概念对中国等出口大国在减排责任分担中更公平。

三、隐含能源的研究现状

隐含能源概念自提出后,逐渐得到了理论研究界的认可,特别是节能减排成为全球国家共同承担的发展课题,隐含能源在实践中的作用越来越得到国家、国际组织的重视。为了更加全面地理解能源问题,并致力于资源环境问题的解决,国内外的专家、学者,甚至是国家机构和国际组织,都对隐含能源问题投入了不容小觑的研究精力,取得了不俗的研究成果。总体看来,隐含能源的国内外研究在研究内容上,呈现出丰富化和精细化的趋势;在研究方法上,呈现出成熟化、精确化和优势融合的趋势。而且隐含能源与隐含碳等是并列概念,同属于"隐含流"的组成部分,这些隐含流的概念在研究方法、研究内容等方面存在共通之处,因此本书对隐含能源的文献梳理与分析包含了部分其他隐含流的文献。

根据测算范围,隐含能源文献的研究内容主要有以下几大类:第一类隐含能源文献研究的是某一行业或某一类型产品的隐藏能源消耗,分析的重点不是隐含能源的流动,而是生产材料和生产技术的进步,这部分研究以建筑相关隐含能源的测算最为突出,研究也最多。建筑相关隐含能源的研究主要出于以下几种目的：第一种是单纯地测算建筑的隐含能源，建筑材料是隐含能源的最主要来源，例如，木制、混凝土、钢筋等材料会影响隐含能源的消耗，材料相关的隐含能源有时会占到初始隐含能源的 95% 以上，需要注意的是，建筑隐含能源的测算并不包括建筑运行过程中的能源消耗（Adriana et al.，2017；Francesco & Alice，2016；M. Lenzen & G. Treloar，2002；Philip et al.，2015）；第二种是用于建筑能源表现的评估或评价，这种研究除了测算建筑过程隐含能源的消耗外，还会结合建筑材料使用过程中的碳排放，或者结合建筑运行或使用过程中的能源消耗，对建筑表现作出全面的评估（Aniket & Marwaha，2015；Nicola et al.，2017）；第三种是出于建筑设计或是现有建筑的处理的目的，为了实现近零能耗建筑（a nearly zero energy building）的建造，通过隐含能源的测算规划建筑的低碳、低能耗设计，或者是在对现有建筑进行处理时，要考虑已经形成或可能会造成的隐含能源消耗（P. Chastas et al.，2017；Roberto et al.，2015；Pere Fuertes，2017；Roberto et al.，2017）。除了建筑行业外，新材料、新能源、加工业等产品和产业也都从隐含能源角度对其进行了进一步的分析（Meimei Zhang et al.，2012；Z. Y. Liu et al.，2017；Corrado Carbonaro et al.，2015；Nawaz & G. N. Tiwari，2006），这类隐含能源的测算，多是关注材料技术、生产工序等专业技术领域，测算过程也相对专业和精细。

第二类是对隐含能源流动方向和规模的分析，并且可以根据测算对象的范围划分为几种典型的分析：第一种是行业内隐含能源的分析，一般是工业或其中某一工业部门的分析，研究内容会从隐含能源问题引申至能源消耗、行业发展和外贸政策等。An Qier 等（2014）建立了 1987~2007 年中国工业领域的隐含能源流动网络，石油和煤炭相关部门是隐含能源的主要部门，并对其他部门具有一定的控制力，从新视角探索了工业部门间的关系；Zhu Liu 等（2012）则测算了 2007 年中国 29 个工业部门的隐含能源使用量，这占到了总能耗（直接能源消耗与间接能源消耗的总和）的 80.6%；Mathieu Bordigoni 等（2012）还测算了欧洲制造业的隐含能源规模，并预测碳税政策的实施会使得能耗和碳排的利益继续向欧洲倾斜；张雨微等（2014）则通过计算隐含能源的规模和强度，探求规制要素扭曲对隐含能源的效应。

第二种是立足单一国家或地区，分析其隐含能源的流入和流出情况，探索其隐含能源所表现出的地区特征。Xu Tang 等（2013）就从隐含能源出发，否定英国能源消耗触顶的判断，并指出英国生产与消费之间逐渐拉大的差距得到了隐含能源的补充；Giovani Machado 等（2001）分析了 1995 年巴西隐含能源的跨国流动，并与隐含碳一起用来评估国际贸易的总效应，即出口 1 美元会比进口 1 美元多隐藏 40% 的能源和 56% 的碳；Xue Qu 等（2017）和 Hongtao Liu 等（2010）等则立足中国分析隐含能源的双向流动规模或单向流出规模，测算不同年份隐含能源的规模变动，并在此基础上探索变动的因素，还与能源进口依赖、能源贸易平衡等问题一起展开分析。这些研究的关注点集中于单一国家或地区的隐含能源分析，一般会涉及该国家或地区的经济发展特征，关注的问题也更具有地区性，而且近些年关注隐含能源问题的国家一般多为隐含能源净出口的发展中国家。

第三种是对国家间或区域间隐含能源的流动和规模进行分析，这种分析一般建立在双向或多向隐含能源流动系统的基础上，系统规模的大小取决于分析区域的范围。Ranran Yang（2014）从能源消耗系数入手，分析中美之间隐含能源的流动情况，认为中国隐含能源净出口现状的改变需要从技术、结构、外贸政策方面进行调整；随着中国经济的迅猛发展，以及国内各地区在资源禀赋和经济发展重点上存在差异，中国国内省际或区域间的隐含能源也成为研究的一个热点，有的是从长江流域、珠江流域入手分析隐含能源在区域间的流动，有的则只分析京津冀三个省份间的隐含能源流动，有的则会建立所有省份的省际隐含能源流动网络（Xudong Sun et al.，2016；Yan Zhang et al.，

2015；Sanmang Wu et al.，2015；Xijun He et al.，2017）。隐含能源在不同地区间的流动，也呈现出一定的规律：从国际流动看，中国、印度、俄罗斯等发展中国家或能源丰富国家是隐含资源的净出口国、隐含污染的净进口国家，而多数发达国家是隐含资源的净进口国、隐含污染的净出口国家，但是得益于商品贸易中蕴含的隐含能源，国家或地区获得能源的种类呈现出多样化趋势（彭水军、刘安平，2010；杨来科、张云，2012；赵忠秀等，2013；Masahiro Sato et al.，2017）；在中国范围内，发达地区的经济发展依托于能源供应省份的支持，大体呈现出中西部向东部流动，北部向南部流动的趋势（Xudong Sun et al.，2016）。

隐含能源概念从提出到现在，逐渐得到了国内外研究者的重视，并开始应用于解决当前棘手的能源环境问题，特别是可以进行大规模数据计算的研究工具的广泛使用，为研究提供了便利，国内外文献的研究范围不断扩大，研究内容也得到了极大引申。研究范围的扩充，不再局限于单一国家或地区的视角，从大范围来说，研究已经扩展到世界上所有国家间隐含能源流动系统的建立；从小范围来说，可以精确到生产产品和生产工序的隐含能源。而研究内容的引申，也已经深入到隐含能源规模年度变动的原因分析、隐含能源与经济发展关系的探索、外贸政策的调整，以及世界经济全球化背景下的贸易地位平衡问题等。

四、隐含能源在中国的应用

对中国隐含能源的文献进行分析可发现，国内学者是研究的主力，而随着中国通过国际贸易融入全球经济，同时中国作为规模庞大的经济体，被期待承担更多的生态环境责任，隐含能源的相关研究则获得了更多的关注。

陈迎等（2008）对中国2002年外贸进出口隐含能源进行了研究，结果发现：中国隐含能源出口总量约占当年一次能源消费总量的16%。其他关于隐含能源和隐含碳的研究有 Glen P. Peters 等（2008）、齐晔等（2008）、OECD（2003），等等。

根据测算范围，中国隐含能源的研究包括三类：第一类是依据世界隐含能源流动，研究国际贸易中中国隐含能源的流动等，得出中国是隐含能源的净出口国，而多数发达国家是隐含能源的净进口国；第二类是研究以中美、中日为代表的双边贸易中的隐含能源流动，进一步印证中国隐含能源净出口的地位，且隐含能源流动规模巨大，中国从国际贸易中获利的同时也付出了巨大的环境代价；第三类是立足某一代表性产业，测算其隐含能源的规模。

根据对中国隐含能源的最新测算，刘会政等（2017）以 WIOD 网站的投入产出表为基础，得出中国为隐含能源净出口国的结论，2011 年出口和进口规模分别为 12.85 亿吨标准煤、6.83 亿吨标准煤，美国是最主要的流出目的地；章辉、蒋瑛（2016）以中国国家统计局数据为基础，测算出 2013 年中国隐含能源出口为 8.5 亿吨标准煤，进口为 8 亿吨标准煤左右；Xu Tang 等（2015）则得出 2014 年的隐含能源出口为 521 百万吨油当量的结论。

在国别研究上，对中国与发达国家之间贸易的隐含能源流动及环境问题研究较多，而对新兴经济体之间贸易的隐含能源流动及环境问题的研究不多。例如，平新乔等（2006）、党玉婷等（2013）思考的就是中美隐含能源流动带来的环境问题，Aekerman 等（2007）、尹显萍等（2010）则将研究对象转移到中国与日本。

本书测算的是中国隐含能源的流动方向和流动规模，而专门针对中国隐含能源的研究相对较晚，主要开始于中国加入世界贸易组织之后，贸易规模的迅猛扩增使得隐含能源流动的研究更为突出和重要。但是，隐含流的研究重点被投放到隐含碳排放上，对碳排放主要来源之一的隐含能源的研究热度和关注度则相对不足。

第三节　研究的意义与价值

在融入世界市场、卷入全球化浪潮的过程中，中国收获了实现工业化跨越式发展的能源动力支持，出口对经济快速增长起到巨大拉动作用，中国能与世界前沿交流、切磋。然而，随着中国成为全球第二大经济体、全球第一贸易国和世界工厂，中国也成为世界上规模最大的能源消费国和进口国，同时也被误解为造成全球能源问题、环境问题的主要原因，"中国资源环境威胁论"层出不穷，并被要求承担更多的节能减排责任。因此，本书借助隐含能源的概念，分析在中国商品和服务大规模跨国流动的背景下，隐藏在其中的能源要素投入的规模及流动方向，有利于厘清有关中国是能源消费国还是贡献国的地位争论，深入评估国际贸易对我国经济发展、资源环境保护的影响，在当前和未来节能减排举措中维护中国的利益，并从外贸角度切入对中国能源政策的制定和调整提出可供参考的事实基础。因此，将隐含能源流的概念引入中国能源问题分析，具有不容小觑的理论和现实意义，具体来看：

第一，本书通过比较多种隐含能源研究和分析的方法，选择采用投入产出分析技术，建立跨越 15 年、多国家、分行业的投入产出分析模型，将中国对外贸易、国内经济发展和生态环境保护三方面的内容融入一个分析框架。这为研究中国能源问题提供了一个更加贴近当前现实、具有操作性的分析工具，为继续深入、细化后金融危机时期，国际贸易中中国能源情况的演变奠定了理论基础。

第二，绝大多数隐含能源的研究，依据的是所涉及国家公布的投入产出表，或是国际研究机构提供的投入产出表，本书依据的就是 WIOD（World Input-Output Database）网站于 2017 年公布的第二期全球投入产出表。由于全球经济环境和产业发展发生了很大变化，公布的第一期和第二期数据在行业分类上存在变化，工业门类存在合并和拆分，服务业新增加很多细化产业，本书对第二期投入产出表进行了调整，这为之后的研究提供了参考和对比数据。

第三，本书通过测算从加入世界贸易组织到国际金融危机爆发前后，中国与世界其他国家或地区的隐含能源流动规模以及流动方向，再次印证在当前国际分工格局下，以中国为代表的发展中国家仍然保持了隐含能源净出口国的地位，通过能源生产供给全球市场的产品和服务的同时，被动地将污染留在了本国。对隐含能源进行测算，能够打破世界对中国的偏见，真正认可中国的经济发展，以及中国作为"世界加工厂"对全球可持续发展做出的积极贡献。

第四，国际气候谈判历经多次，虽取得了一些成果，但仍未达成所有国家接受的协议，面对今后势必存在的类似谈判，中国需要通过隐含能源的测算和相关分析，为中国寻找战略盟友和潜在竞争对手，以及促使当前国际排放责任机制从"生产国责任"向"消费国责任"转变提供理论和数据支持。

第五，通过对中国隐含资源环境与外贸增加值联系起来进行分析，从纵向和横向两个层面测算中国单位出口增加值资源环境要素投入变化情况，为优化中国外贸结构、促进中国产业转型升级提供支撑。

第四节　主要内容

一、研究内容

本书从世界与中国当前的能源现状和问题入手，以隐含能源概念为核心，将能源、对外贸易、经济发展与节能减排等相关概念放到一个研究框架中，从外贸角度为中国可持续发展和节能减排目标的实现提供研究支撑。本书研究内容主要包括七章：

第一章为绪论，为本书研究的背景和引子。从当前世界能源稀缺、全球面临日益严峻的生态环保压力，而中国作为最大的发展中国家，能源消费、能源进口和碳排放都位于世界前列，中国被解读为能源消耗和碳排放的重要主体。而同时，伴随频繁的世界贸易活动，大规模的能源流动被产品贸易形式所隐藏，其规模随着贸易规模的庞大而不容小觑。鉴于此，本书引入"隐含能源"的概念，作为全书研究的切入点和主题，在阐释"隐含能源"概念后，大体设计出全书的研究思路与框架。

第二章为能源的国际贸易与供需现状。由于隐含能源完全依托于产品和服务的进出口贸易，因此本章就从国际贸易和能源贸易角度探索贸易新趋势。不管是全球贸易还是中国的进出口贸易，规模显著、稳定扩大，国际金融危机后恢复地也较为迅速，贸易规模的扩大必然会带来隐含能源流动规模的扩大和方向的变化；而且世界范围内能源供需不平衡的问题，使得在能源贸易外，必然导致也需要依靠产品和服务的国际流动，来满足生产、生活对能源的需要。

第三章为中国对外贸易中的隐含能源测算。通过比较几种测算隐含能源的方法，选择投入产出分析方法，使用 WIOD 网站的全球投入产出表，在数据调整的基础上建立多国投入产出模型，进而来计算中国的隐含能源规模，分析其流动方向。对外贸易中隐含能源流动规模和流动方向的测算，既可以直接反映出中国在对外贸易中的能源贡献，还可以继续测算隐碳的排放，反映出对环境污染的压力。

第四章为全球对外贸易中的隐含能源测算。是在第三章中国隐含能源流动情况以外，分析世界上代表性国家和地区的隐含能源流动情况，由于筛选出的国家和地区的全球贸易份额较大，可以作为世界隐含能源流动大趋势的代表。同时，还可以与中国的隐含能源情况形成对照，由此更深入、更公正地看待中国隐含能源的现状及能源地位。

第五章为隐含能源出口的影响因素分析。为了探寻中国隐含能源的形成原因，本书对其进行结构分解，在与 SDA 结构分解方法进行对比后，选择采用 LMDI 结构分解方法，从贸易规模、能源结构、能源效率（能源技术）三个方面进行详细分析。除了结构分解分析外，在中国隐含能源计算过程中还发现中国的国家投入产出表也会对隐含能源的规模和变化产生影响。隐含能源引致原因的分析，是为减少中国能源消耗提供改进方向，以及为能源政策、外贸政策提供新的思考方向。

第六章为国际生态环保责任的权衡。本书研究能源的最终目的是实现国家以及全球的节能减排，本章就是从隐含能源消耗及其碳排放角度，既点出了节能减排的新方向，又对之前全球环保责任的划分提出了质疑和补充，隐含能源概念的引入更有利于形成对发展中国家能源消耗和环保责任的公正判断，并有效支持后续的全球谈判工作。

第七章为结论与展望。总结全书分析的主要观点和结论；同时，本书研究仍存在主客观因素造成的不足，针对这些不足提出今后研究的重点与改进之处。

二、逻辑框架

本书的逻辑框架如图 1-1 所示。

三、研究方法

本书利用 2017 年 WIOD 网站公布的全球投入产出表，详细测算了从 2001 年中国加入世界贸易组织前后，经过 2008 年国际金融危机的影响，一直到 2012 年中国与世界代表性国家、地区的隐含能源流动规模以及流动方向。本书的分析，主要采用以下三种研究方法：

一是投入产出分析方法。投入产出分析方法是世界上公认的研究国家和

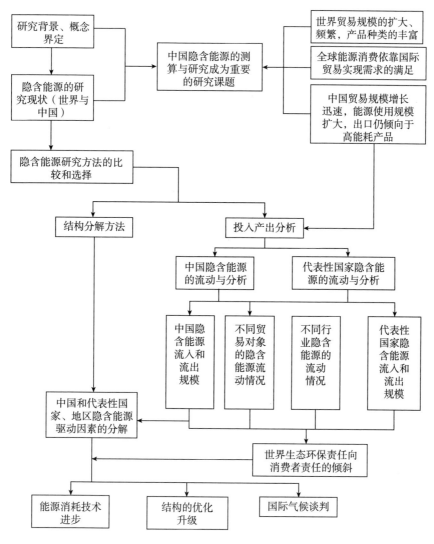

图 1-1　本书的逻辑框架

地区隐含能源规模和流动的方法，因此本书采用投入产出分析方法测算中国与世界其他国家和地区的隐含能源的流动与规模，这种测算详细到中国的主要贸易对象和各个行业。另外，该方法还用于研究隐含能源对中国经济发展的影响，同时还可以评估能源政策目标实现所带来的经济效果。

　　二是结构分解分析方法。该方法用于分析形成国家或地区隐含能源规模变动的影响因素，主要分解为贸易规模、能源结构、能源效率三部分，既对中国和代表性国家、地区的隐含能源变动进行解释，也为之后的节能减排提供方向和政策参考。

三是文献研究方法。随着节能减排工作的国家合作化，气候谈判势在必行，隐含能源的问题必将会被越来越多的国家和研究者所关注，这也会对当前能源政策以及能源相关的外贸政策造成影响。因此，本书在梳理和分析中国能源政策的基础上，根据隐含能源的结果，就中国能源政策的调整提出政策建议。

第五节　研究的局限与进展

一、当前研究的局限

通过对国内外隐含能源相关文献的整理和分析，本书内容存在以下局限：一是主要使用单国投入产出模型作为研究手段，而运用多国（国际）投入产出模型明显不够，这大大影响了研究的精度，也不能很好地回答隐含资源环境要素的国家流向；二是使用数据陈旧，多是基于时点数据的研究，未能形成基于长时间段连续数据的研究，而且很多研究基于单一国家或几个国家公布的投入产出表，很难进行国家间的精确比较和行业框架的一一对应。而在中国隐含能源测算方面也存在局限：首先是测算结果精度不足，这是由于中国隐含能源测算较少使用精确度较高的多国模型，且在计算过程中能耗系数采用中国或日本等国家的系数进行简单替换；其次是隐含能源研究内容的局限，中国隐含能源规模和双向隐含能源流动的研究文献较多，但很少建立中国与世界其他国家流向和规模的全景图谱，这导致研究虽然重点突出但覆盖面不足；最后是数据的时效性局限，中国隐含能源测算的基础是 WIOD 网站和国家统计局公布的国家或世界投入产出表，因此隐含能源研究一般以网站公布数据的截止时间为研究时限，或者只进行一两年数据延展。

二、研究的进展

本书在克服上述不足的基础上开展研究，在对中国和代表性国家、地区的隐含能源分析中，具有以下几点进展：

第一，在研究实效上，本书利用 2017 年 WIOD 网站最新公布的全球投入产出表数据，进行了自 1990 年开始的连续时间序列研究，而非单一时间点的研究，有助于全面准确地动态刻画我国隐含资源环境流动变化的方向和规模。而且，研究的时间范围囊括了 2008 年国际金融危机的前后，国际金融危机对国际贸易产生了极大冲击，并对其今后的发展带来了深远影响，特别是世界主要经济体都对国内、国际发展战略做出了很大调整，因此国际金融危机后国际贸易中的隐含能源分析就尤为重要和具有研究价值。

第二，在研究方法上，利用扩展的多区域投入产出模型开展研究。通过在世界投入产出表中加入资源要素，编制扩展的国际资源—经济投入产出表开展研究，这比运用单国投入产出模型具有显著的优势，准确度更高。进一步运用投入产出结构分解模型（I-O LMDI 模型）对驱动因素进行分析，测度其出口规模效应、出口结构效应和中间投入产出技术效应，并在此基础上展开对中国和代表性国家的隐含能源研究，研究更具可靠性。

第三，在研究内容和研究框架上，拓宽了既有研究范围，在与代表性国家对比的基础上推动研究的深入。本书虽以中国隐含能源问题作为研究的出发点和最终目的，但研究过程中将美国、欧盟、日本、俄罗斯、印度等代表性国家和地区纳入分析框架，既有利于形成对全球隐含能源流动的基本判断，又可以在相同的历史时期作为中国隐含能源问题的参照系，更加深入地剖析中国隐含能源问题，以及在国际贸易中的精准定位。

第二章　能源的国际贸易与供需现状

第一节　国际贸易的发展

在传统能源研究中引入"隐含流"的概念，除了由于能源在工业化发展和现代经济社会中具有重要作用外，还在于国际贸易的迅猛发展，世界市场已经将所有国家和地区纳入一个彼此密不可分的联系网，商品和服务的跨界流动对能源问题产生了深刻影响，也提供了新的研究视角和切入点。

一、国际贸易的发展趋势

根据世界贸易中进出口平衡的原理，世界进口额与出口额大致相等，因此以出口为例来分析世界贸易的变化情况。观察规模数据，世界贸易大致呈现出三个阶段：第一个阶段是 2002 年以前，世界贸易呈现出稳定增长的趋势，但是规模增幅有限，与后两个发展阶段相比，几乎处于停滞状态；第二个阶段是从 2002 年到 2008 年国际金融危机爆发，这一阶段，贸易规模扩张迅速，得益于信息技术、交通运输等的快速发展，以及世界贸易组织成员的扩充，打破了贸易壁垒，几乎所有国家和地区的产品和服务贸易被纳入一个统一市场；第三个阶段是 2009 年金融危机后，国际贸易虽然受到极大冲击，但迅速恢复到危机前的规模，而且再次处于稳定增长的状态（见图 2-1）。

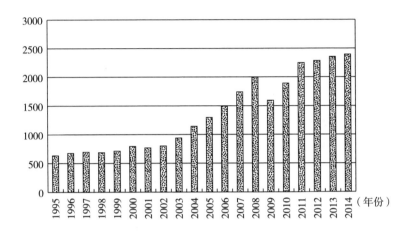

图 2-1　1995~2014 年世界全球货物和服务出口额（单位：现价，百亿美元）

资料来源：世界银行数据库网站，网址：https：//data. worldbank. org. cn/indicator/BX. GSR.　GN-FS. CD。

结合联合国商品贸易统计数据库（UN Comtrade Database）的数据，可以发现世界贸易出现了新的趋势：世界各个国家和地区已经通过贸易紧密地联系在一起，而且这种紧密联系是不可逆的，金融危机或者国家经济波动等因素会影响贸易的正常流动，但是很难打击到其总体趋势；产业内贸易的趋势增强，经济体很难具备在某一产品的绝对优势，同种类型产品的贸易都很频繁，整个市场内产品的流动速度和产品广度都得到前所未有的提升；经历金融危机对国际贸易的洗礼后，可见发达国家在产业链布局和国际贸易竞争中仍具有显性和隐性的优势，很容易在贸易中把握、获得主导权。

二、中国对外贸易的发展趋势

中国经济的快速增长期，也是对外贸易规模迅速扩大的时期。根据世界银行数据库的数据，在 2001 年底加入世界贸易组织（WTO）之前，中国的进口额和出口额长期处于 2000 亿美元以下，而且增长并不显著；在加入世界贸易组织后，中国凭借其丰富的劳动力、生产能力、广阔的市场等优势，很快地融入世界市场，进口规模和出口规模呈现出相同的快速扩大趋势；金融危机的爆发打断了之前快速发展的态势，但是恢复迅速（见图 2-2）。而近些年，中国的对外贸易也出现了一些显著的趋势：国家的经济发展离不开国家贸易的刺激，同样国际市场上的地位也需要经济实力的支撑，中国对外贸易的发展是与国家经济增长紧密联系的，中国凭借其经济实力，迅速成长为很多发达国家或发展中国家的重要贸易伙伴，而经济体量雄厚的美国、欧盟等同样对中国的国际贸易具有重要的影响；中国对外贸易的实力和水平得到极大提升，中国出口的产品和服务不再只能凭借低廉的价格和资源优势参与世界市场的竞争，中国通过技术进步和产业结构优化，开始向全球产业链的上游转移，抢占高地；中国对外贸易的产品种类更加丰富化和精细化，基本上中国所有需要的产品和服务都可以在世界市场上进行购买。

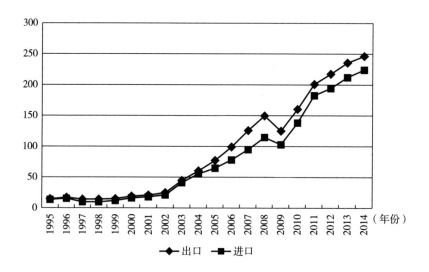

图 2-2　1995~2014 年中国货物和服务出口额（单位：现价，百亿美元）

资料来源：世界银行数据库网站，网址：https：//data. worldbank. org. cn/indicator/BX. GSR. GN-FS. CD。

第二节　世界市场的能源供需

尽管新能源的开发日渐蓬勃，但是化石能源仍然是当前最主要的能源类型，而化石能源的形成需要独特的地质条件和环境孕育，因此化石能源多集中储藏在某些特定地区，而现代社会的能源消费具有普遍性，很容易造成能源生产与需求地区间的不平衡，这就需要通过国家间能源贸易来实现能源的全球再分配。

一、石油生产、消费的全球分布

在现代社会，石油是当前最具战略性的能源类型，石油价格的波动是全球经济走势的风向标，国际石油产量的控制会遏制一个国家经济发展的命脉，而石油产地的归属和石油产品的运输通道则会引发地区冲突甚至战争。对比分析 1995 年、2005 年和 2014 年全球石油探明（Proven）储量①及地区布局，由于能源相关技术的进步和日益紧迫的能源需求等因素，探明储量由 11262 亿桶增加至 17000 亿桶，如果再精化到具有商业价值的"控制"（Probable）储量②，能进行有效益开采的储量还会再下降 40%③。首先，中东是石油资源最丰富的地区，在潜在石油中长期占据最大的份额，但是这一占比却从 1995 年的 59% 跌至 2005 年的 55%，到 2014 年这一比例仅为 47%，目前已经跌破 47%。其次，1995~2014 年，中南美洲地区的探明储量占比从 7% 增加至 20%，北美洲地区的占比则从 11% 增加至 14%；而欧洲及欧亚、亚太和非洲

---

①　探明（Proven）储量：已经发现并且可以充分确定能进行有效益开采（建立在成本、地质条件、技术、市场销售及未来价格等前提下）的油气。

②　控制（Probable）储量：在探明储量概念基础上，是指存在已发现油气藏并预期会有商业价值的油气。

③　国际能源署. 世界能源展望·2004［M］. 朱起煌等译. 北京：中国石化出版社，2006.

地区的储量占比不高，不足 10%。可见，石油集中储藏在经济发展水平相对较低的地区（见图 2-3）。

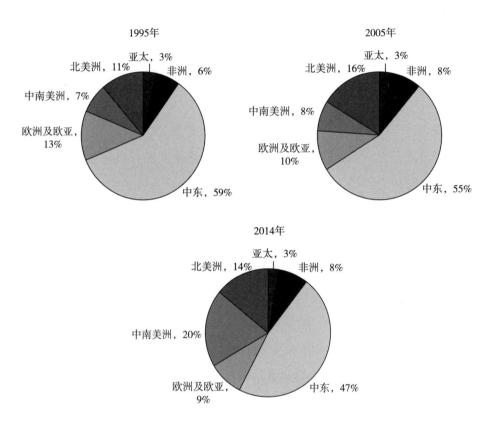

图 2-3 1995 年、2005 年和 2014 年全球石油探明储量占比

资料来源：《BP 世界能源统计年鉴》（2016 年），网址：https://www.bp.com/zh_cn/china/reports-and-publications/bp_2016.html。

不同地区的石油探明储量大致决定了该地区的石油生产量，或者是能够生产石油的能力，但是石油的生产与消费却不具备这种紧密的关系，更多的是生产与消费之间存在或大或小的差距。根据历年《BP 世界能源统计年鉴》，中东是全球石油的最主要产区，2004~2014 年虽然偶有波动，但产量规模仍从 12.27 亿吨增加至 13.4 亿吨，而同期的石油消费远不够消化生产规模，到 2014

年消费规模突破 4 亿吨，每年还存在 9 亿多吨的石油生产余量。与中东具有相同情况的地区还有中南美洲和非洲，但是两者情况存在差异，中南美洲的年度石油产量相对稳定，在 3.8 亿吨左右，而石油消费量却在持续增加，到 2014 年已经达到 3.3 亿吨，自给自足外大概有 0.5 亿吨余量；而非洲的年度石油产量总体处于减少的趋势，而石油消费量增加幅度不大，仍有 2.2 亿吨余量。

与中东、中南美洲和非洲地区情况相反，北美洲、亚太、欧洲及欧亚等地区存在明显的石油非自给情况，而且每个地区都具有自己独特的石油供需情况。北美洲地区年度消费的石油量呈现出总体减少的趋势，而同期石油生产满足消费需求的能力增强，到 2014 年北美洲地区的石油消费缺口已经缩减为 1.57 亿吨；欧洲及欧亚地区的年度石油消费也呈现出减少的趋势，同期的石油生产规模也逐步缩减，而且消费的降速快于生产，导致 2014 年的石油消费缺口缩减到 0.24 亿吨；而亚太地区则不同，年度石油消费量持续增加，从 2005 年的 11.51 亿吨增加到 2014 年的 14.42 亿吨，而同期的石油生产却没有显著的变化，2014 年的石油消费缺口扩大到 10.46 亿吨（见图 2-4）。亚太、北美洲和欧洲及欧亚地区，是主要的石油消费地区，亚太地区对石油大规模的强烈需求表现得尤为突出，而石油消费缺口必然导致石油以不同方式在区域间流动。

二、煤炭生产、消费的全球分布

在石油大规模使用之前，煤炭曾是全球使用最广泛的能源类型，也曾是发达国家开启工业化的重要资源基础。在工业化发展早期，由于煤炭运输体积和重量的巨大导致运输难度大和运输成本高等实际问题的存在，煤炭的消费大多会布局在煤炭产量相对丰富的地区。从国际能源协会（International Energy Agency，IEA）公布的煤炭生产和消费数据来看，经济合作与发展组织（OECD）国家多数为最早进行工业化的发达国家，其在 21 世纪前的煤炭

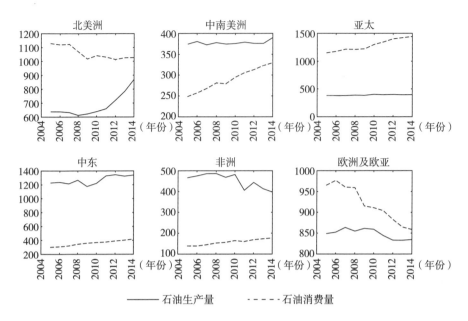

——— 石油生产量　- - - - 石油消费量

图 2-4　全球六大区域的石油生产量与消费量（单位：百万吨）

资料来源：《BP 世界能源统计年鉴》（2016 年），网址：https：//www.bp.com/zh_cn/china/reports-and-publications/bp_2016.html。

产量占据全球最大份额，在 1971 年的占比为 55.6%[①]，同时还是煤炭最主要的消费方，可以说蒸汽时代以来的工业化是在煤炭能源基础上建立并发展起来的。而进入 21 世纪后，中国实行以重工业为主的国家工业化，加上煤炭资源丰富、品质优良、开采难度和成本较低，中国煤炭产量规模迅速扩大，一跃成为全球最大的煤炭生产国，而且本国的煤炭生产已经越来越难以满足生产和生活的需要。而随着国家工业规模的扩大，长距离、大规模产品运输成为可能，煤炭生产与消费相对紧密的地域关系被打破，在全球各地区间的布局呈现出类似石油的新特征。

由于中东的煤炭产量很小，因此与非洲的煤炭数据一起归入"中东及非洲"标签下。从煤炭探明储量在全球的布局来看，欧洲及欧亚地区、亚太地

---

① 数据来自国际能源协会（International Energy Agency，IEA）的 *Key World Energy Statistics*（2017）。

区和北美洲都是煤炭的主要分布区域，从 1995 年到 2005 年再到 2014 年，这三大地区的煤炭探明储量大致稳定在 30% 左右。根据探明储量，欧洲及欧亚大陆、亚太地区和北美洲应该是煤炭生产和使用的主要地区，但是实际的生产与消费情况却未表现出明显的相关性，与资源禀赋决定能源消费的基本推测并不一致（见图 2-5）。

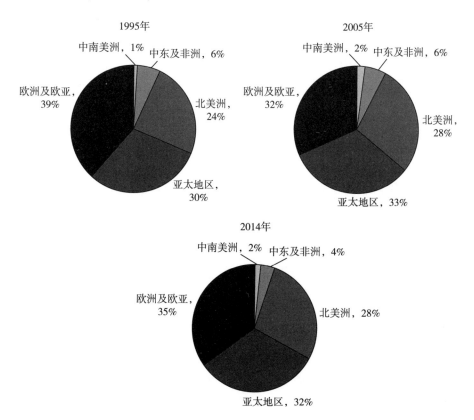

图 2-5 1995 年、2005 年和 2014 年全球煤炭探明储量占比

资料来源：《BP 世界能源统计年鉴》（2016 年），网址：https：//www.bp.com/zh_cn/china/re-ports-and-publications/bp_2016.html。

从全球煤炭的生产来看，北美洲、欧洲及欧亚和亚太地区是产量最高的三个地区，开采和生产的基础来自其丰富的煤炭储量，但是几乎相同的探明储量下，亚太地区与另外两个地区的煤炭产量差距在 10 亿吨油当量以上，而且另外两个地区的产量规模有继续缩小的趋势。从全球煤炭的消费来看，亚太地区是全球煤炭最主要的消费地区，其年度消费量已经达到 28 亿吨油当量，且没有呈现出明显减少的趋势，北美洲的煤炭消费量持续降低，2015 年已经减少到 4.29 亿吨油当量，欧洲及欧亚地区的煤炭消费在金融危机前后经历起伏后，表现出稳定下降的趋势，到 2015 年减少到 4.68 亿吨油当量。从生产和消费的平衡上看，北美洲、中南美洲和中东及非洲地区则是产量高于其消费量，欧洲及欧亚地区的煤炭消费量高于产量，且煤炭消费缺口从 21 世纪初的 1 亿吨油当量减少到近年的 0.5 亿吨左右油当量，而亚太地区在煤炭自给自足的基准线上下浮动，但是 2014 年以来再次出现煤炭消费缺口，2015 年扩大到了 0.96 亿吨油当量（见图 2-6）。煤炭生产与消费的全球分布上，亚太地区和欧洲及欧亚地区的煤炭消费缺口，主要依靠北美洲、中南美洲和中东及非洲的生产余量来满足需求。

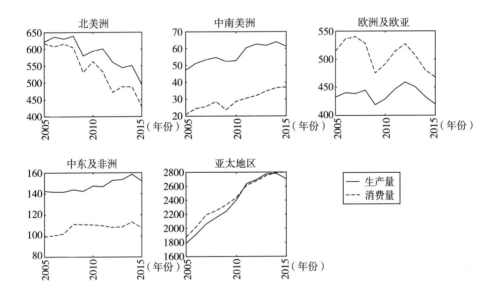

图 2-6　全球五大区域的煤炭生产量与消费量（单位：百万吨油当量）

资料来源：《BP 世界能源统计年鉴》（2016 年），网址：https://www.bp.com/zh_cn/china/reports-and-publications/bp_2016.html。

以煤炭、石油等代表性能源为例，总体分析出能源生产和消费在全球各地区的分布存在不平衡状态，而且近年来这种不平衡的状态愈加突出。能源已经成为工业发展的动力支撑及国家经济发展的重要基础，但却存在日益显著的供需矛盾，这就需要采取手段解决发展的桎梏，而解决的方法包括殖民、能源战争、不平等贸易等野蛮的途径，也包括能源贸易、能源合作、生产全球化等文明的途径，而能源产品贸易成为解决能源全球布局不平衡的最主要手段。而且，越来越多的国家认识到能源作为战略资源的重要地位，特别是在老牌工业强国中表现得更为明显，这些国家实行能源储备战略和减少本土能源的开采，同时新兴发展国家在积极推进工业化和发展本国经济，加之全球化对能源贸易规模和方式的影响，这些能源需求的变化带来能源贸易的新变化。

三、能源的国际贸易

能源的生产与消费，很难在空间上实现绝对的匹配，这就需要在全球实现能源的二次分配。多极化成为国际政治环境的常态，所有国家和地区通过世界市场紧密联系在一起，全球化成为不可逆的趋势。在这种背景下，能源或者能源类产品，通过全球性、大规模的产品或服务贸易，实现在国家间的再次分配，进而尽可能实现能源生产与消费的平衡。近年来，能源贸易不仅规模扩大了，而且能源结构、能源生产地、贸易目的地、能源贸易目的和能源贸易方式等都发生了巨大或者细微、显著或者隐秘的变化。

1. 石油的国际贸易

在"二战"以后，石油已经成为世界上最为重要的动力来源，是现代社会的能源代表，在国际贸易中占据重要份额。石油在全球分布上具有很强的不平衡性，其进出口在很大程度上影响了国家和地区能源的使用，石油市场的波动在影响世界经济、政治、社会等的同时，也受到这些因素的影响。下面分别从进口和出口两方面来介绍石油的国际贸易。

从进口总量来看，金融危机对石油进口总规模的增长趋势造成了冲击，以 2008 年为界，呈现出前后两个增长区段，而且金融危机后的石油进口规模在 2013 年就已经突破危机前的规模水平，而且进入 21 世纪以来，以美国、欧洲和日本为代表的发达国家和地区，长期以来的石油进口势头和全球份额已经不再显著，以中国、印度等为首的新兴发展国家成为石油进口目的地的新生力量，在金融危机前后表现出超越的趋势。具体分国别来看，美国和日本的能源进口规模在金融危机后呈现出一致的趋势（见图 2-7），显著减少了对石油的进口规模，特别是美国，以金融危机为契机，通过再工业化、经济发展的调整等手段有计划地减少了能源消耗和进口规模；欧洲曾是第一次工业革命的摇篮，但是当前欧洲国家的发展程度存在差异，而且金融危机在欧

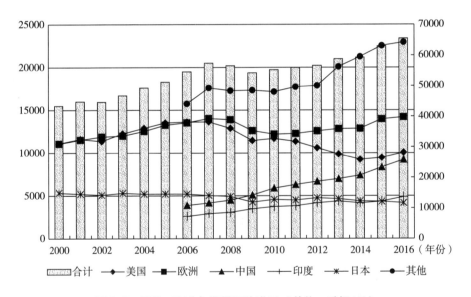

图 2-7　2000~2016 年世界石油进口（单位：千桶/日）

注：由于统计口径的变化，相较于 2006~2016 年的统计数据，2000~2005 年的统计数据略小。

资料来源：2000~2005 年数据来自《BP 世界能源统计年鉴》（2011 年英文版），网址：https://www.bp.com/zh_cn/china/reports-and-publications/bp_2017.html；2006~2016 年数据来自《BP 世界能源统计年鉴》（2017 年中文版），网址：https://www.bp.com/zh_cn/china/reports-and-publications/bp_2017.html。

洲部分国家引致了严重的国家信用危机，欧洲国家疲于应对金融危机及其带来的后续影响，很难从根本上思考和转变经济发展模式，并有效减少能源消耗和降低能耗强度；而中国、印度，包括未被统计在"其他"项目下的新兴发展中国家，对石油进口需求增大。

相应地，石油出口总规模表现出与进口总规模一致的变化趋势，中东地区（包括沙特阿拉伯）和前苏联地区（包括俄罗斯）是最主要的两大石油出口来源地，而且近些年亚太地区的石油出口规模总体扩大，已经成为第三大石油出口来源地，同时美国的石油出口规模也迅速扩大，如果将美国、加拿大和墨西哥的出口规模合计，可以超过亚太地区，成为第三大出口来源地（见图2-8）。

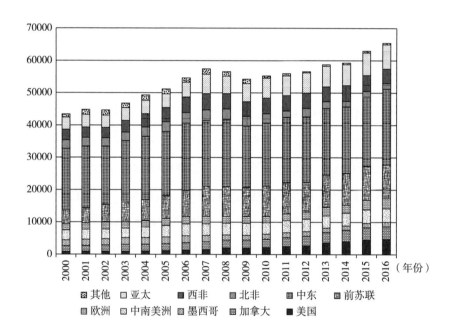

图2-8　2000~2016年世界石油出口（单位：千桶/日）

注：由于统计口径的变化，相较于2006~2016年的统计数据，2000~2005年的统计数据略小。

资料来源：2000~2005年数据来自《BP世界能源统计年鉴》（2011年英文版），网址：https://www.bp.com/content/dam/bp/en/corporate/pdf/energy-economics/statistical-review-2011/bp-statistical-review-of-world-energy-2017-full-report.pdf；2006~2016年数据来自《BP世界能源统计年鉴》（2017年中文版），网址：https://www.bp.com/zh_cn/china/reports-and-publications/bp_2017.html。

可以发现，储量分布集中的石油，其出口来源也相应集中，波斯湾的石油储量占据全球探明储量的60%以上，而中东的石油出口规模是全球总规模的36%。

通过分析石油进出口的统计数据发现，多数发达国家对石油进口需求呈现出减少的趋势，取而代之的是，新兴发展中国家扩大对石油的进口，而且趋势显著；但与现实相矛盾的是，亚太和北美并不位于石油探明储量丰富的区域，但是近些年的石油出口规模却持续扩大。基于此，会产生新的疑问，为什么石油进口规模在不同类型国家呈现不同的趋势？为什么石油出口国由探明储量丰富的国家向不丰富的国家过渡？这不仅仅是供需问题，背后有着更深层次的原因。

2. 煤炭的国际贸易

不同于石油的集中分布和大规模的跨区域贸易，煤炭和天然气在全球范围内的分布较为均匀。① 储量的分散导致世界各主要地区都可以进行煤炭的开采和生产，以满足能源需求，表现在国际贸易上就是，除了欧洲、亚太这两个地区外，其他地区对煤炭的进口和出口并没有表现出突出的兴趣。原煤的全球进口数据也验证出，亚太地区和欧洲是全球最主要的两个进口地区，其进口合计占到了八成以上的份额，但是金融危机后却呈现出不同的趋势，欧洲的煤炭进口处于稳定状态，但是规模略低于危机前，亚太地区的煤炭进口规模几乎没有受到金融危机的影响，保持快速增长的状态，这与区域内新兴国家的发展水平是一致的，其中煤炭最主要的使用国——中国，出于缓解环境污染、生态环境改善等目的的考虑，有计划地降低煤炭使用规模，并在2014年第一次出现煤炭使用规模下降的现象，这进一步引致亚太地区煤炭进口从2015年开始也出现了显著下降（见图2-9）。

① 丹尼尔·拉卡耶，迪亚哥·帕瑞拉. 能源世界是平的 ［M］. 欧阳瑾译. 北京：石油工业出版社，2017.

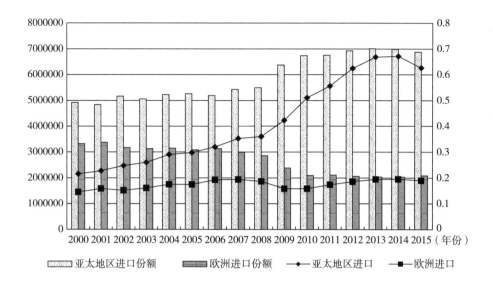

图 2-9 2000~2016 年世界主要地区原煤进口规模及份额（单位：吨）

资料来源：美国能源信息局（U. S. Energy Information Administration，EIA）网站，网址：ht-tps：//www. eia. gov/beta/international/data/browser/#/? pa ＝ 00000000000000000000000000000000000000007g420000000004&c ＝ 41000000020000600000000000g00020000000000000001&tl_ id ＝ 1－A&vs ＝ IN-TL. 44-1-AFRC-QBTU. A&vo ＝ 0&v ＝ H&end ＝ 2015&showdm ＝ y。其中，网站数据统计单位 ST（英石），根据"1 英石 ＝ 6. 35 千克"，转换为单位"吨"。

煤炭的全球分布虽然相对均匀，但是亚太地区是其中蕴藏最为丰富的地区，同时还是煤炭消费的主要地区，这表现在煤炭出口上就形成了：亚太地区既是煤炭的主要进口地区，也是煤炭的主要出口地区；表现在原煤数据上就是，亚太地区的原煤出口规模长期处于扩大的趋势，在 2015 年出现收缩的迹象，这与上面提到的中国减少煤炭消费与生产是相关的。其他地区的煤炭出口虽然规模相对不大，但却是亚太地区煤炭消费的重要补充（见图 2-10）。

3. 能源国际贸易的新趋势

能源的供给与需求在全球地域分布上呈现不平衡的状态，因此国际能源贸易难以避免地成为当前实现全球能源再分配最主要且最重要的方式。国际能源贸易也表现出新的趋势：一是全球能源供需的不平衡越发严重，而且能

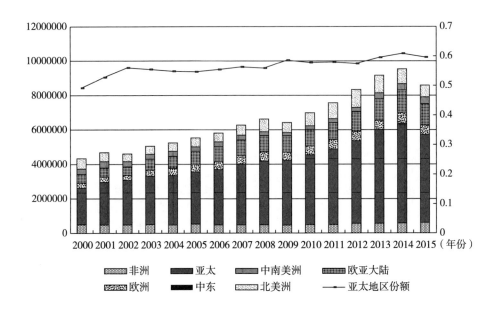

图 2-10　2000~2015 年世界各地区原煤出口规模及份额（单位：吨）

资料来源：美国能源信息局（EIA）网站，网址为：https：//www. eia. gov/beta/international/data/
browser/#/? pa = 00000000000000000000000000000000000000007nm2g000000006&c = 41000000020000600000
00000000g0002000000000000000001&tl_id = 1 - A&vs = INTL. 7 - 3 - AFRC - TST. A&vo = 0&v = H&end =
2015。其中，网站数据统计单位 ST（英石），根据"1 英石 = 6. 35 千克"，转换为单位"吨"。

源的流动与分配关系到居民正常生活、经济发展机会、生态环保、市场稳定
等很多方面，化石能源的开采难度与开采成本上升，依靠单纯的国际贸易解
决能源流动问题会面临很多障碍，成本和代价更高；二是全球贸易流动的频
繁、产业链条在全球的布局，使得绝大多数产品不需要本土生产以满足消费
者的需求，可以依赖持续的产品进口，由于很多能源并不是直接用于最终消
费，而是作为中间产品用于其他产品的生产，因此通过进口能源消耗较高的
产品可以避免部分能源消耗，而且相较于能源进口，普通产品的进口贸易敏
感度低，可能遭到贸易桎梏的可能性低。由此，可以看出当前国际贸易研究
局限于能源的进出口，已经不足以表现出能源跨区域流动的本质，还需要厘
清产品或服务贸易背后的能源消费。

第三节 中国能源的国际贸易

一、中国能源的生产与消费

根据 2017 年《BP 世界能源统计年鉴》，尽管增速放缓，但中国领跑全球，仍是全世界最大的能源消费国，除了本土能源生产支持其能源需求外，仍有很大份额需要依靠国外进口来补充供需缺口，以石油进口为例，中国石油对外依存度已经上升到历史高位 68%。结合国家统计局数据，以下具体来分析中国能源现状。

中国能源生产在近些年出现了两大变化：一是在总量规模方面，中国能源生产总量表现出了稳定增长的趋势，总规模从 2000 年的 138569.7 万吨标准煤扩大到 2014 年的 361866 万吨标准煤（见图 2-11），但是到了 2016 年，生产总量出现罕见下降，总规模收缩至 361476 万吨标准煤；二是在结构构成方面，中国能源生产结构表现出了优化趋势，自然禀赋导致我国能源生产以煤炭为主，产量也长期稳步增长用以支持工业发展和居民生活，但自 2014 年煤炭产量出现下降，到 2015 年达到 260985.67 万吨标准煤，同时天然气和水电、核电、风电的生产规模不断扩大。

同期，中国的能源消费情况呈现出与生产结构类似却不尽相同的变化。在工业化进程推进、国家经济发展和居民生活改善等多方原因的推动下，中国能源消费规模持续扩大，已经由 2000 年的 146964 万吨标准煤增加到 2015 年的 429905.1 万吨标准煤（见图 2-12），增加了近两倍。而且，能源生产结构大体决定了我国以煤炭为主的能源消费结构，但是近些年，由于金融危机的持续影响、中国经济增速放缓、化石能源日益紧缺等现实原因的叠加，能

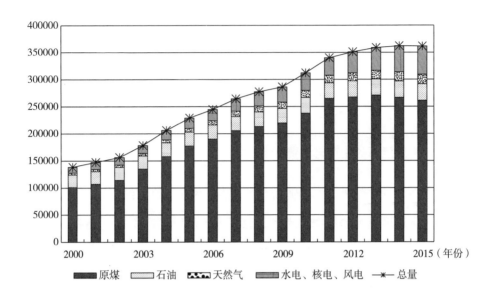

图 2-11　2000~2015 年中国能源生产情况（单位：万吨标准煤）

资料来源：国家统计局网站，网址：http://data.stats.gov.cn/easyquery.htm？cn=C01。

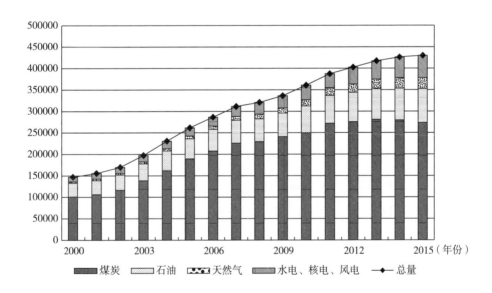

图 2-12　2000~2015 年中国能源消费情况（单位：万吨标准煤）

资料来源：国家统计局网站，网址：http://data.stats.gov.cn/easyquery.htm？cn=C01。

源消费结构出现了优化趋势，煤炭消费量在 2015 年出现少量减少，其在总能耗中的占比自 2012 年开始持续下降，而同期石油、天然气以及水电、核电、风电的消费量增加。

二、中国能源的国际贸易

对比中国能源生产和消费现状可以发现，中国本土能源的生产总量不足以支持其需求，在 2001 年末中国加入世界贸易组织后，中国的能源供需缺口就依赖国际贸易来弥补。世界银行的数据显示，中国能源净进口在总能源消费中的占比从 2001 年的−67.38%持续增加到 2014 年的 15.02%。而近些年能源进口结构同样出现了优化，煤和石油是我国进口规模最大的两种能源类型，石油进口规模持续扩大提高了我国对进口的依赖度，而煤炭的进口规模在 2014 年和 2015 年出现了罕见下降（见图 2-13），两年累计减少量达 12296 万吨。

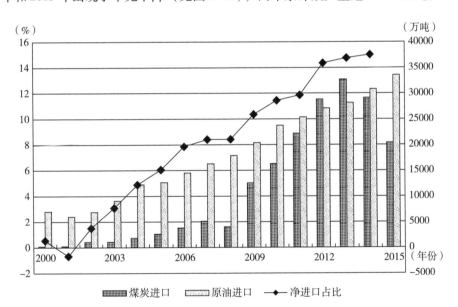

图 2-13　2000~2015 年中国能源净进口占比及主要进口产品

资料来源：净进口占比数据来自世界银行数据库网站，网址：https://data.worldbank.org.cn/indicator/EG.IMP.CONS.ZS；煤炭和原油进口数据来自国家统计局网站，网址：http://data.stats.gov.cn/easyquery.htm? cn=C01。

伴随全球化进程，中国于 2001 年加入世界贸易组织，之后中国的贸易规模持续攀升，中国成为世界公认的进出口贸易大国、制造业大国，其中高耗能产品在出口贸易中占据着不小的份额。根据国家统计局的数据，中国的水泥、平板玻璃、钢材、铜材、铝材、锌及锌合金、纸及纸板等都是中国典型的高耗能出口产品（见表 2-1），也是全球这类产品的重要生产供给方。由此可知，国外市场的产品需求是中国巨额能源消费的一个重要刺激源，也是隐藏在国际贸易背后的原因。毋庸置疑，全球化的普及，国家间已经形成相互依赖、彼此影响的关系，这使得中国能源问题不仅是中国的问题，也必须放到全球化背景下进行全面的分析，这为考虑中国乃至世界能源问题提供了一个新的视角，增加了一个必然要纳入的分析方面。

表 2-1　2000~2015 年中国主要高耗能产品出口规模

年份	水泥出口量（万吨）	平板玻璃出口量（万平方米）	钢材出口量（万吨）	铜材出口量（吨）	铝材出口量（吨）	锌及锌合金出口量（吨）	纸及纸板出口量（万吨）
2000	605	5592	621	144484	130052	593336	65
2005	2216	19925	2052	463560	711484	146845	167
2010	1616	17398	4256	508580	2180000	43395	380
2011	1061	18726	4888	500347	3000000	48369	450
2012	1200	17632	5573	492980	2830000	7937	471
2013	1454	19506	6233	488978	3070000	5395	565
2014	1391	21896	9378	507858	3668648	132719	630
2015	1575	21460	11240	466077	4195160	96683	593

资料来源：国家统计局网站，网址：http://data.stats.gov.cn/easyquery.htm？cn=C01。

三、中国能源面临新挑战

总结当前世界能源困境和中国能源现状，结合国际市场经济和中国国家经济发展的趋势，不难看出中国能源面临新的挑战，也是未来发展的重要方向：结合中国当前的经济发展目标，在经济增速放缓的被动局面下，中国需要利用契机转变经济增长方式、调整产业结构、推进可持续工业化，这既需要充足的能源保障和高效能源利用的鼎力支撑，同样也对中国能源提出了新的高要求；在生态环境保护方面，中国先后签署《京都议定书》和《巴黎协定》，成为全球节能减排重要的责任承担国，并在 2020 提出"双碳"目标，即在 2030 年前实现"碳达峰"，碳排放量达到峰值后不再增长，2060 年前实现"碳中和"，实现碳排放量的"收支相抵"，这对能源消费提出了质、量的双重要求；伴随中国融入国际市场、加入世界市场竞争，中国能源问题已经不仅仅局限于中国领土范围和国家经济框架内，还涉及中国大规模能源进口的保持与改善，以及中国进出口结构和贸易产品的能源消耗、产品价值、全球产业链定位等很多问题，牵一发而动全身；在全球化和国际贸易成为不可逆的发展趋势背景下，中国亟须在国际产品和服务贸易中准确定位其贸易地位，特别是在金融危机后的国际市场，中国面临欧美日等发达国家和印度等发展中国家的上下夹击，减少能源消耗或者是降低能耗强度成为在夹缝中重获发展空间的一个必然方向；着眼未来的发展规划，中国在立足本土、国家视角分析能源的生产、消费等问题仍是解决困境的最主要方向，但是除此之外，结合国际贸易更加深入和全面地分析能源问题越发显得必要和必须，而且这种内外结合的视角，可以帮助中国在后金融危机时期获得挣脱能源困境的机会，更有利于公正地看待中国节能减排责任的承担，并在国际环保谈判中争取国家利益，实际上也是争取未来的发展空间。

鉴于此，为了全面理解中国的能源问题，破除能源消费和碳排放大国的表象，本书也认为在能源研究之外，有必要引入隐含流（Embodied Flow）概念，从对外贸易的隐藏角度切入，在实际能源生产和消费外，通过分析隐藏在出口产品和服务中的能源流动，来补充传统的能源问题研究。而且 2008 年金融危机的爆发对全球能源市场和国际贸易市场都产生了剧烈且深远的影响，因此隐含能源在金融危机前后的流动方向和流动规模变化也是本书接下来研究的一个重点，同时也要探讨出现这些变化的原因。

本章小结

有赖于国际贸易中产品和服务的频繁流动，世界上几乎所有的国家和地区都被紧密联系在一起，而且由于能源供需在地区分布上存在显著的不平衡特征，能源能够实现全球市场的再分配，充分满足市场需求，也是依靠市场的搭建与成熟。而随着国际贸易的超大规模化，产业内贸易表现出强烈的趋势，产品种类的极大丰富，可贸易产品和服务的精细化等，就使得国家真正成为市场整体的组成部分，也模糊了国界的限制。国际贸易的变化对之前的能源贸易产生了冲击，能源消费的满足不局限于能源类产品的贸易，能源作为动力来源，更多的是用于生产环节而非最终消费，因此国际贸易的紧密联系可以通过最终消费品的购买，实现对能源的最终需求。

第三章　中国对外贸易中的
隐含能源测算

第一节　隐含能源的文献综述

一、中国隐含能源的研究现状

本书按照时间线梳理中国隐含能源的相关文献。我国较早开展隐含能源研究的主要有陈迎、潘家华和谢来辉（2008）和顾阿伦等（2010），特点是将隐含能源与隐含碳排放结合在一起研究。陈迎、潘家华和谢来辉（2008）首次采用投入产出分析法测算了中国进出口产品的内涵（隐含）能源，结果表明，尽管中国自 1993 年以来成为石油净进口国，但通过外贸商品进出口，中国是内涵（隐含）能源的净出口大国。2002 年，内涵能源净出口达 214 亿吨标准煤，约占当年我国一次能源消费总量的 16%，内涵排放净出口 115 亿吨碳。陈迎等（2008）预计，随着中国对外贸易的快速增长，在不考虑部门投入产出结构性变化的条件下，未来中国的内涵能源净出口仍然会保持高速增长。顾阿伦等（2010）采用投入产出方法，利用中国 2002 年、2005 年和

2007 年投入产出表，计算中国出口产品的内涵能源和内涵碳排放，结果显示，进出口加工贸易对于核算中国进出口内涵能源及碳排放有重要影响：中国出口产品内涵能源（以碳当量计）由 2002 年的 2.09 亿吨增加到 2005 年的 5.91 亿吨，占全国能源消费总量的比重由 13.11% 增长到 25.04%；同时中国进口产品内涵能源也呈增长趋势，净出口的内涵能源 2007 年达到 2.61 亿吨，占全年能源消耗总量的 9.30%；中国依然是净出口内涵能源大国。

接下来的研究逐步将隐含能源与隐含碳问题分开，更多的研究主要集中于碳排放研究，而专门研究隐含能源的文献反而较少，这方面的研究有谢建国、姜佩珊（2014）和王磊（2015）等，主要测算了隐含能源流动规模和流向问题。谢建国、姜佩珊（2014）基于能源投入产出模型，测算了 1995 年、2000 年和 2005 年中国隐含能源流动的情况，结果表明，1995 年以来，中国一直是能源净出口国，而且，基于能耗的贸易条件有恶化的趋势。王磊（2015）基于六个国家和地区共九张投入产出表对我国 2000~2013 年能源消耗的国际转移规模进行了估算，发现我国对外贸易内涵能源长期处于净出口状态，这也使我国的环境污染问题雪上加霜，2000 年对外贸易内涵能源出口净值为 0.59 亿吨标准煤，2013 年为 7.42 亿吨标准煤，年均增速近 30%。该研究认为，只有基于消费侧的研究才能反映一国能源真实的消耗规模，而我国备受指责的高能耗问题，其中相当大的比重来自为世界他国的出口产品生产所消耗。

近期的研究包括韦韬、彭水军（2017），崔连标、韩建宇和孙加森（2014），刘会政、李雪珊（2017）等，除了测算隐含能源流动规模外，更加关注中国和新兴经济体与发达经济体之间隐含能源的流向关系。韦韬、彭水军（2017）基于多区域投入产出模型（MRIO 模型），测算了 1995~2009 年中国国际贸易中隐含能源的转移情况，发现研究期间中国除燃气和新能源外均属于隐含能源净出口国；主要发达经济体生产侧能耗几乎没有变化，但消费侧能耗却在逐渐增加，属于隐含能源净进口国；新兴经济体的生产侧和消费侧能耗虽均大幅度增长，但发达经济体消费引致的新兴经济体隐含能源规模远大于后者自身消费引致的规模。崔连标、韩建宇和孙加森（2014）运用投入产出分析方法，采用 GTAP8.0 数据库，从隐含能源的视角对全球能源消费结构重新进行了解剖，结果显示，2007 年国际贸易隐含能源约占当年世界能源总消耗的 34%；在世界能源消费重心东移的背景下，亚太地区直接能源净进口量中的 53% 会以贸易隐含能源的形式再次净出口至欧洲和北美地区；中国不再是能源净进口国，在所有国家中中国隐含能源净出口量最高；相比生产端核算原则，基于消费者统计口径，中国和印度能源消费下降，美国和日本能源消费增长。刘会政、李雪珊（2017）运用 MRIO 模型和世界投入产出数据库中的数据，测算了 2011 年我国对外贸易中的隐含能源，考察了我国隐含能源在全球范围内的流动情况。结果显示，2011 年中国净出口隐含能源超过 6 亿吨标准煤，已成为隐含能源净出口国，其中向美国输出的隐含能源最多；相比于"生产者负责原则"，我国基于"消费者负责原则"测算的能源消费量下降了 11.84%，这一比例也就是我国通过贸易将生产中消耗的能源用于满足其他国家的消费需要。

　　本书再次将中国隐含能源作为研究的重点是因为：一是隐含能源既是中国能源消费的重要组成部分，又是温室气体排放的一个重要来源，能源问题的探讨和节能减排目标的实现不能忽视隐含能源部分，否则研究是不全面的；二是隐含能源与国际贸易规模、产业能耗技术、产业结构等经济因素有着密切的联系，而这些因素关系到全球经济放缓后中国经济的恢复和增长，产业结构的转型升级等，隐含能源的研究在当前就显得尤为必要；三是党中央持续将"节能减排"纳入五年规划中，落实建立健全绿色低碳循环发展经济体系，并提出碳达峰、碳中和的发展目标，中国还积极参与、推动全球环保事业，尽管中国主动承担起能源节约和环境保护的责任，但是隐含能源可以部分度量中国为世界节能减排做出的贡献，进而争取国家应得的利益。

二、隐含能源研究方法的文献综述

随着隐含能源研究的丰富和发展，研究方法也日渐成熟，不断完善和创新，大致形成了以投入产出技术（Input-Output，IO）、生命周期方法（Life Cycle Analysis，LCA）、碳足迹等方法为核心的方法体系，这些方法应用范围广泛，它们在各自深入发展的同时，也出现了相互融合、相互补充的发展趋势。

使用能源和温室气体强度的方法被称为过程分析（Process Aalysis），在划定生产系统边界的基础上，立足主要生产过程中的主要工序和材料投入，详细评估隐含能源投入或碳排放规模，比较常见的是生命周期方法（Life Cycle Analysis，LCA），常见于建筑物生命周期内环境负担和环境影响的评估（Borjesson et al.，2000；M. Lenzen & G. Treloar，2002；Nicola Lolli et al.，2017）。这种方法虽然细致、具有针对性，但是却只针对特定产品或生产过程，没有包括所有的生产阶段，很难实现全生产系统的完整性，而且系统边界的确定使其先天地具有系统截断误差（A Systematic Truncation Error），这种误差取决于生产系统边界的确定（Kreith et al.，1990；Yasukawa et al.，1994；Born，1996；Hendrickson et al.，1998；Pick & Wagner，1998；Lenzen，1999；Lenzen & Dey，2000）。由于这种不足的存在，生命周期方法也在积极探索与其他方法的融合，与投入产出分析方法的融合可以很好地解决生产系统分割、计算过程针对性过强等缺点，而且广义投入产出分析框架也是自20世纪60年代就用于环境问题分析的成熟方法，这种融合是一种双向互补，也正是由于这种进步，生命周期方法被应用于研究中美间的隐含能源流动（Bullard et al.，1978；Hondo & Sakai，2000；Gloria，2001；Bao-Jun Tang & Pi-Qin Gong，2014）。除此之外，其他领域的成熟分析方法在面临隐含能源、环境问题分析时，也会适时引入生命周期分析方法，如 Nicola Lolli（2017）等在分析建筑中的能源消耗和碳排问题时，就在动态参数分析模型（Parametric Analysis Tools，PAT）中引入能源模型（Energy Modelling）、环境生命周期工具（Environmental LCA Tools）和环境产品说明（Environmental Product Declarations，EPDs），用于动态刻画建筑的环境表现。

另外一种广泛应用于隐含能源等隐含流测算的方法是投入产出（Input-Output，IO）分析方法，特别是随着国家或国际组织对投入产出表编制的持续化，投入产出分析被陆续应用于隐含能源和国际贸易政策等的实践。在总体发展过程中，应用于隐含能源领域的投入产出分析方法呈现出从竞争型单国模型到非竞争型单国模型，从单国模型向国际投入产出模型的演进。投入产出分析方法最早由俄裔美国经济学家 W. 列昂惕夫在 20 世纪 30 年代提出，根据国民经济账户编制投入产出表，并据此从数量上研究经济系统各部门之间的投入、产出关系及相互影响（尚红云，2011）。隐含能源来自其他部分的产品和服务，投入产出分析方法正好解决了部门间物质流动的问题，因此被广泛引入分析隐含流问题，隐含能源流动和规模测算等是其中的重点内容之一（Costanza，1980）。

投入产出分析方法最先被用于单区域隐含能源的分析，只分析一个部门的隐含能源规模或不同时间段的变化。单区域的投入产出分析（A Single-region I-O Analysis），不管是封闭模型还是开放模型，都基于技术同质性假设，即假设国外进口产品按照国内生产技术和能源投入方式来进行生产，也就是国外能耗系数等同于国内能耗系数（陈红敏，2011）。采用单国模型的竞争型投入产出技术的研究有 Kondo 等（1998），Peters、Hertwich（2008），沈利生、唐志（2008）等，此方法因不能区别进口国生产和国内生产的技术差别而使研究结果比较粗糙。为了解决单区域投入产出分析方法的缺陷，隐含能源研究开始尝试，并将所有涉及的研究主体的能耗系数引入投入产出分析框架，形成了多区域投入产出表（Multiregional Input-Output Tables，MRIO）模型，可以同时进行多国家（或区域）、多部门的能源流动研究（Hongmei Zheng，2016）。MRIO 模型与单区域模型最大的不同，也是 MRIO 模型的突出优势，就在于可以将各个目标地区的生产技术因素与其生产过程联系起来，这种联系的建立可以在很大程度上影响隐含能源分析的准确性，这源于不同的国家或地区具有不同的经济发展历程、地理特征、生活方式和社会文化等，而且由此导致的地域特征差距显著（Dong et al.，2015）。正是由于多区域模式的优势，它被广泛用于隐含能源的测算，成为当前研究发展的方向，如中国、美国、英国、巴西、欧洲等国家或地区的隐含能源情况，中日、中欧、中美等双向隐含能源的流动，还有全球国家间隐含能源的流动全景等（张友国，2010；张为付、杜运苏，2011；Rhee & Chung，2006；蒋雪梅等，2013；Mathieu Bordigoni et al.，2012；谭娟和陈鸣，2015；Giovani et al.，2001；Xu，2010）。

但是，投入产出分析方法也存在先天性不足，隐含"流"的流动不可直接观察，而是依据"流"的价格，采用技术手段将其转入投入产出表（I-O Tables，IOTs）来表示，而转入的过程并非完全精确的，必然存在一些误差（Xu，2010；Weisz & Duchin，2006）。

第二节　隐含能源测算方法

一、投入产出分析方法

为了测算和分析中国隐含能源情况，本书采用多区域投入产出（MRIO）分析方法，并依据 WIOD 网站公布的全球投入产出表数据和能源卫星账户数据和国家的经济数据等，建立全球隐含能源跨国流动的分析框架。

1. 投入产出表

投入产出分析方法是一种行之有效的数量分析方法，是研究国民经济各部门、再生产各环节间数量依存关系的方法，关键的是能够将投入与产出结合起来，投入是指生产产品或服务过程中对于各种生产要素的消耗和使用，投入分为中间投入，即除固定资产之外的转移价值，以及初始投入，即固定资产的转移价值和新创造的价值；产出则是指生产过程产生的产品或服务被分配使用的去向，产出分为中间产出，即生产过程中使用的产品，以及最终产出，即当期离开生产过程被用于投资、消费和出口的产品（廖明球，2009）。具体地，经济系统内各个部门的投入来源与产出去向的数量平衡关系，可以通过投入产出表详细展现。

投入产出表的简化框架如表 3-1 所示。

表 3-1 投入产出表的简化框架

投入 ＼ 产出		中间产品				最终产品	总产品
		部门 1	部门 2	…	部门 n		
中间投入	部门 1	x_{11}	x_{12}	…	x_{1n}	y_1	X_1
	部门 2	x_{21}	x_{22}	…	x_{2n}	y_2	X_2
	…	…	…	…	…	…	…
	部门 n	x_{1n}	x_{2n}	…	x_{nn}	y_n	X_n
初始投入	增加值	v_1	v_2	…	v_n		
总投入		X_1	X_2		X_n		

根据表 3-1，可以观察到投入产出表横向内容和纵向内容对称，呈棋盘式分布，而且清晰展示出各个部门所有产品和服务的流向和规模。水平方向表示的是经济各部门产品（或服务）的分配使用去向，各种产品（或服务）的总和等于总产出。垂直方向表示的是产品（或服务）生产所需要投入的各种要素，要素的总和等于总投入。无论是横向还是纵向，整个投入产出表都

是均衡且稳定的，表的平衡关系有：

中间产品+最终产品＝总产品

用数学文字可以表示为：

$$
\begin{cases}
x_{11}+x_{12}+\cdots+x_{1n}+y_1=X_1 \\
x_{21}+x_{22}+\cdots+x_{2n}+y_2=X_2 \\
\qquad\qquad \vdots \\
x_{n1}+x_{n2}+\cdots+x_{nn}+y_n=X_n
\end{cases}
\tag{3-1}
$$

其中，x_{ij} 表示 j 部门产品（或服务）生产中所需要消耗的 i 部门的产品（或服务），也就是 i 部门所生产的产品（或服务）为 j 部门所消耗，所有产品（或服务）的消耗可以使用 n×n 阶的 X 表示，$X=\begin{pmatrix} x_{11} & x_{12} & \cdots & x_{1n} \\ x_{21} & x_{22} & \cdots & x_{2n} \\ \vdots & \vdots & \ddots & \vdots \\ x_{n1} & x_{n1} & \cdots & x_{nn} \end{pmatrix}$。

y_j 表示的是 j 部门的最终产品（或服务），这部分内容包括最终消费、资本形成、出口和进口四个部分，所有部门的最终产品（或服务）可以用 1×n 阶的 Y 表示，$Y=\begin{pmatrix} y_1 \\ y_2 \\ \vdots \\ y_n \end{pmatrix}$。$X_j$ 表示的是 j 部门的总产品（或服务），总量与 j 部门的总投入是相等的，即总投入＝总产出。

各部门之间存在复杂的内在联系，为了厘清这些关系，投入产出分析运用系数将各部门之间的复杂关系数字化，这些系数可以分为消费向和生产向，本章根据消费侧计算隐含能源，因此对消费向的相关系数进行分析，主要包括直接消耗系数、完全消耗系数和列昂惕夫逆矩阵等，其中直接消耗系数和完全消耗系数是投入产出技术的基础。

2. 直接消耗系数

直接消耗系数，又称直接消耗定额或投入系数，通常用数学符号 a_{ij} 表示，是指 j 部门生产单位产品（或服务）对 i 部门产品（或服务）的消耗数量。它反映的是该部门与其他部门之间的技术经济联系和直接依赖关系。计算公式为：

$$a_{ij} = \frac{x_{ij}}{X_j} \tag{3-2}$$

式中，i, j=1, 2, …, n。

根据同样的方法，可以计算出所有部门对所有其他部门的直接消耗系数，

构成 n×n 阶的直接消耗系数矩阵，通常用 A 表示，而 $A = \begin{pmatrix} a_{11} & a_{12} & \cdots & a_{1n} \\ a_{21} & a_{22} & \cdots & a_{2n} \\ \vdots & \vdots & \ddots & \vdots \\ a_{n1} & a_{n1} & \cdots & a_{nn} \end{pmatrix}$。

因此，式（3-1）可以表示为：

$$AX + Y = X \tag{3-3}$$

式中，A 为直接消耗系数矩阵；Y 为最终产品（或服务）列向量；X 为总产品（或服务）列向量。

3. 列昂惕夫矩阵与逆矩阵

在投入产出分析和计算过程中，还有一个系数至关重要，就是列昂惕夫逆矩阵，该系数是根据最终产品与总产品之间的关系确定的。因为"中间产品+最终产品＝总产品"，则"总产出-中间产品＝最终产品"，用数学符号表示为：

$$X - AX = Y \tag{3-4}$$

$$(I-A)X = Y \tag{3-5}$$

式中，I 为与直接消耗系数矩阵 A 同阶的单位矩阵，（I-A）为投入产出

矩阵，也成为列昂惕夫矩阵。继续将式（3-5）的左右两边同时乘以（I-A）$^{-1}$，则可以得到：

$$X = (I-A)^{-1}Y \qquad\qquad (3-6)$$

式中，（I-A）$^{-1}$被称为列昂惕夫逆矩阵，也称为完全需求系数矩阵。列昂惕夫逆矩阵在投入产出计算与分析中有着重要作用。

4. 完全消耗系数[①]

完全消耗系数，是指除了分析各部门之间的直接联系外，还增加了间接联系的分析，使得整个投入产出分析模型产生了更为深刻的变化。完全消耗系数被定义为增加某一部门单位最终使用需要消耗的直接和间接的各种产品（或服务）的数量，通常用数学符号b_{ij}表示，所有的系数则用$n×n$阶的完全消耗系数矩阵B表示。根据定义，生产j产品（或服务）对i产品（或服务）的完全消耗系数b_{ij}=直接消耗系数+一次间接消耗系数+二次间接消耗系数+…+n次间接消耗系数，记$a_{ij}^{(k)}$为j部门生产单位产品（或服务）对i产品（或服务）的第k次间接消耗系数，其中k=1，2，…，n，$(a_{ij}^k)_{n×n}$为间接消耗系数矩阵。而且间接消耗系数是一种消耗的层层传递，这种传递性体现在数学表达上即为$(a_{ij}^k)_{n×n}=A^{k+1}$。完全消耗系数则可以用数学符号表示为：

$$B = A + A^2 + A^3 + \cdots + A^k \qquad\qquad (3-7)$$

为了进行化简，在式（3-7）两边同时加上一个与A同阶的单位矩阵，得：

$$B+I = I + A + A^2 + A^3 + \cdots + A^k \qquad\qquad (3-8)$$

式（3-8）两边再同时左乘（I-A），得：

$$(I-A)(B+I) = (I-A)(I+A+A^2+A^3+\cdots+A^k)$$

$$(I-A)(B+I) = (I-A)+(A-A^2)+(A^2-A^3)+\cdots+(A^k-A^{k+1})$$

化简得：

---

① 廖明球. 投入产出及其扩展分析［M］. 北京：首都经济贸易大学出版社，2009.

$$(I-A)(B+I)=I-A^{k+1}$$

因为间接消耗系数 A 的各元素都小于 1，即 $0 \leqslant A < 1$，当 $k \to \infty$ 时，$A^{k+1} \to 0$。所以得到：

$$I-(A)(B+I)=I$$

$$(B+I)=(I-A)^{-1}$$

$$B=(I-A)^{-1}-I \tag{3-9}$$

通过观察，可以发现完全消耗系数 B 等于列昂惕夫逆矩阵 $(I-A)^{-1}$ 减去一个单位矩阵 I。

二、隐含能源的投入产出测算方法

在投入产出分析的基础上，结合 WIOD 网站公布的投入产出表数据和能源卫星账户数据的格式，本章借鉴倪红福、李善同等（2012）测算隐含碳排放的方法，对中国隐含能源的流动方向和规模进行测算和分析。

由上面投入产出分析方法，以国家 a 为例，可得：

$$A_a X_a + Y_a = X_a \tag{3-10}$$

$$X_a = (I-A_a)^{-1} Y_a \tag{3-11}$$

因为本书研究的重点是隐含能源流，因此引入能源消耗系数，用 e_{ai} 表示国家 a 第 i 个部门的直接能源消耗系数，即单位产出的能源消耗，单位为千克标准煤/亿美元，计算方法为：

$$e_{ai} = \frac{EC_{ai}}{x_{ai}} \tag{3-12}$$

式中，EC_{ai} 为国家 a 第 i 部门的能源消耗量（亿吨标准煤），x_{ai} 为国家 a 第 i 部门的总产出（亿美元）。国家 a 所有部门的能源消耗系数为一个 $1 \times n$ 阶的矩阵，为 $e_a = (e_{a1}, e_{a2}, \cdots, e_{an})$。

按照等比例分摊的原则，国家 a 的能源消耗系数 e_a 可以借助列昂惕夫逆矩阵（即完全需求系数矩阵）分摊到所有部门，即可得到 a 国所有部门所有产品的能源消耗系数矩阵。有了国家 a 的完全能源消耗系数，再根据该国出口到其他国家和地区的出口额，就可以计算得出出口额中所蕴含的能源流，也就是隐含能源流。由此，国家 a 到国家 b 出口额中所隐含能源流的计算公式为：

$$E_{a,b} = e_a \times (I - A_a)^{-1} \times Ex_{a,b} \qquad (3-13)$$

式中，$E_{a,b}$ 为 a 国到 b 国出口额中的隐含能源流规模，e_a 为 a 国所有行业的能源消耗系数，$(I-A_a)^{-1}$ 为 a 国的列昂惕夫逆矩阵（即完全需求系数矩阵），$Ex_{a,b}$ 为 a 国对 b 国的出口总规模。

按照式（3-13）同样的方法，可以得到中国流出的隐含能源流总规模为中国对其他所有国家出口额中的隐含能源流的汇总，用数学符号表示为：

$$E_{CEX} = \sum_{i=1}^{n} e_c \times (I - A_c)^{-1} \times Ex_{c,\,bi} \qquad (3-14)$$

式中，E_{CEX} 为中国隐含能源的流出总量，e_c 为中国的能源消耗系数，$(I-A_c)^{-1}$ 为中国的列昂惕夫逆矩阵（即完全需求系数矩阵），$Ex_{c,bi}$ 为中国出口到国家 bi 的出口总额（亿美元）。

同样地，其他国家流入到中国的隐含能源流总规模为其他所有国家对中国出口额中的隐含能源流的汇总，用数学符号为：

$$E_{CIM} = \sum_{i=1}^{n} e_{bi} \times (I - A_{bi})^{-1} \times Ex_{bi,\,c} \qquad (3-15)$$

式中，E_{CIM} 为其他国家流出到中国的隐含能源总量，e_{bi} 为其他国家的能源消耗系数，$(I-A_{bi})^{-1}$ 为其他国家的列昂惕夫逆矩阵（即完全需求系数矩阵），$Ex_{bi,c}$ 为其他国家对中国的出口额。

三、数据来源

隐含能源的相关计算，多数情况下需要依赖公布的投入产出表，而这些数据一般有几个主要的来源渠道，有的来自各个国家公布的投入产出数据，有的则来自世界组织或科研机构资助项目公布的投入产出表等，而投入产出表的结构与投入产出表的简化框架（见表3-1）类似，但是在部门设计、行业内容等细节上存在差异，会具有一定的国家特色或科研目的倾向性等，而且由于全球经济的迅猛发展，经济内容极大丰富，产业结构出现很多新的变化，这使得投入产出表的结构也随之进行调整，例如，增加金融服务业的统计内容、微调工业产业结构等。

1. 投入产出表数据的选择

根据国内外对隐含能源的测算和分析，得到学者认可并被广泛用于隐含能源测算的投入产出表，主要有国家公布的投入产出表，如中国、美国等国家都持续公布本国的投入产出表，还有 WIOD 等网站公布的包括世界所有国家的全球投入产出表。

在计算中国隐含能源双向流动方面，国家统计局公布的国家投入产出表是一个重要数据来源，中国自1990年开始公布国家投入产出表，并在逢尾数为0、2、5、7的年份都公布投入产出表，且已经公布到2012年，从1990年到2012年，中国投入产出表结构发生变化，从33×33的行业布局扩增到42×42的行业布局。利用中国国家投入产出表来测算，有着明显的优势，一是完全按照中国经济特色的产业分类，隐含能源的总量分析和分行业分析都更贴近中国经济现实；二是在其他国家数据不完整或者更新不及时的情况下，可以中国投入产出表作为计算的基础或者延展投入产出表的基础。但是，单纯依靠中国投入产出表来计算也存在不足，以中国为主的隐含能源测算很容易忽略其他国家的发展特征和经济新变化，而且也很难把握测算结果的精度，这种结果很容易受到质疑。

同时，WIOD 网站公布的全球投入产出表数据也是一个应用范围广泛的数据来源。该网站于2013年公布了1995~2011年的世界投入产出表，并于2017年公布了2000~2014年的世界投入产出表，在数据更新的同时，投入产出表格式也发生了变化，从 35×35 的行业统计框架扩增为 56×56 的行业框架，金融服务业的统计内容出现了明显的丰富和调增。WIOD 网站的投入产出表数据具有明显的优势，它将全世界几乎所有国家和地区的数据纳入一个统一的统计框架内，未能区分的国家和地区数据则按照其他地区进行处理，这为建立多区域的能源流动框架提供了数据基础；尽管行业框架未必与各个国家的行业分类相匹配，在完整反映国家经济年度发展现状上存在一定误差，但是基本上可以代表国家的总体发展情况。全球国家数据的完整性、结构统一性与持续更新性，并能够反映各个国家和地区的发展特征，正是本书选择 WIOD 网站数据作为测算和分析基础的最主要原因。

2. 投入产出表数据的调整

本章以中国作为分析主体，分析隐含能源的流出和流入情况，使用的数据是 WIOD 网站 2013 年公布的 2000~2011 年 40 个国家的投入产出表和世界投入产出表，以及 2017 年公布的 2012~2014 年 43 个国家的投入产出表和世界投入产出表。但是，前后两次公布的数据在行业结构和国家口径方面都出现了变化，统计行业种类增加，并增加了单列国家数量，因此，为了统一数据口径、保证测算的完整性，本书对原有投入产出表进行了处理。

在统计行业口径方面，2013 年公布的投入产出表是根据 ISIC Rev. 3 标准，建立的 35×35 的行业统计框架，而 2017 年公布的投入产出表则是根据 ISIC Rev. 4 标准，建立的 56×56 的行业统计框架。鉴于统计内容的丰富，很难对 2013 年公布的数据进行合理的拆分和调整，因此本书选择根据 2013 年的行业框架对 2017 年公布的数据进行合并、拆分等调整，调整的基本原则就是按照 2013 年的行业数据进行同比例拆分，并根据统计内容进行适当的部门合并，所有行业仍按照 2013 年的行业框架进行排列，名称也沿用 2013 年的行业名称。数据调整主要集中在工业和服务业部门，具体调整包括：农业领域，2017 年编码为 "A01" "A02" "A03" 的内容统一合并到编码 "AtB 农、牧、

林、渔业"内容里，不做详细的产品种类划分。工业领域，2017年编码为
"C13-C15"的部门，需要按照2013年"17t18""19"两种产品的比例进行拆
分；编码为"C17""C18"的两个部门合并为"21t22 纸浆，纸和纸板的制
造"；编码为"C20""C21"的两个部门合并为"24 化学品及化学制品制造"；
编码为"C26""C27"的两个部门合并为"30t33 电气和光学设备"；编码为
"C29""C30"的两个部门合并为"34t35 运输设备"；编码为"C31_C32"
"C33""E37-E39"的三个部门合并为"36t37 其他制造业，机械和设备的修
理"；编码为"D35""E36"的两个部门合并为"E 电力、天然气和供水"。
服务业领域，由于近些年，经济的繁荣发展、人民收入水平的提升极大地刺
激了服务业的发展，服务网络、电商等新兴服务部门出现，金融辅助内容日
益复杂，调整内容为，将编码为"H53""J58""J59_J60""J61"的四个部
门合并为"64 邮电"；编码为"K64""K65""K66"的三个部门合并为"J 金
融中介"；编码为"J62_J63""M69_M70""M71""M72""M73""M74_
M75""N"的七个部门合并为"71t74 并购中的租赁与其他商务活动"；编码
为"T""U"的两个部门合并为"P 家庭作为雇主的；家庭自用、未加区分
的物品生产和服务"（见表3-2）。经过行业结构调整后，2000~2011年的全
球投入产出表统一为 35×35 的格式，然而由于进行了调整，2012年、2013
年、2014年的数据精度相对降低，但不会影响测算结果的总体趋势。

表3-2 投入产出表行业调整说明

2013年公布的 数据框架	名称	2017年公布的数据框架
ISIC Rev. 3 编码		ISIC Rev. 4 编码
AtB	农、牧、林、渔业	A01、A02、A03
C	采矿和采石	B
15t16	食品、饮料和烟草	C10-C12

续表

2013 年公布的数据框架 ISIC Rev. 3 编码	名称	2017 年公布的数据框架 ISIC Rev. 4 编码
17t18	纺织品和纺织	C13–C15
19	皮革和相关产品制造	C13–C15
20	木材、木材制品及软木制品的制造（家具除外）、草编制品及编织材料物品制造	C16
21t22	纸浆，纸和纸板的制造	C17、C18
23	焦炭和精炼石油产品制造	C19
24	化学品及化学制品制造	C20、C21
25	橡胶和塑料制品制造	C22
26	其他非金属矿物制品制造	C23
27t28	基本金属制造	C24、C25
29	机械设备除外的金属制品制造	C28
30t33	电气和光学设备	C26、C27
34t35	运输设备	C29、C30
36t37	其他制造业，机械和设备的修理	C31_C32、C33、E37–E39
E	电力、天然气和供水	D35、E36
F	建筑业	F
50	批发和零售业；汽车和摩托车修理	G45
51	汽车和摩托车外的批发贸易	G46
52	汽车和摩托车外的零售贸易	G47
H	运输与存储	I
60	其他的内陆运输	H49
61	其他水上运输	H50
62	其他航空运输	H51
63	其他支持和辅助运输活动；旅行社活动	H52
64	邮电	H53、J58、J59_J60、J61
J	金融中介	K64、K65、K66
70	房地产	L68
71t74	并购中的租赁与其他商务活动	J62_J63、M69_M70、M71、M72、M73、M74_M75、N
L	公共行政与国防；强制性社会保障；制度保障	O84

续表

2013 年公布的数据框架 ISIC Rev. 3 编码	名称	2017 年公布的数据框架 ISIC Rev. 4 编码
M	教育	P85
N	健康与社会工作	Q
O	其他社区、社会及个人服务	R_S
P	家庭作为雇主的；家庭自用、未加区分的物品生产和服务	T、U

注：投入产出表名称为笔者翻译结果，网站并未提供标准中英文名称对照。

资料来源：WIOD 网站，2013 年公布数据网址为：http：//www.wiod.org/database/wiots13，2017 年公布数据网址为：http：//www.wiod.org/database/wiots16。

除了投入产出表的行业统计口径的变化外，WIOD 网站统计的国家口径也发生了细微的变化。2013 年公布数据所统计的国家为 39 个具体国家和地区以及"其他地区"，2017 年公布数据所统计的则是 42 个具体国家和地区以及"其他地区"，将瑞士、克罗地亚和挪威从原"其他地区"单列出来进行了统计。同样是出于同一地区统计口径的考虑，本书参考世界贸易组织（WTO）和联合国贸易和发展会议（UNCTAD）对世界经济体的分类方法，本书将与中国进行进出口贸易的国家和地区划分为七大类，减少统计贸易对象数量变化带来的影响。贸易对象分类具体为：第一类为北美（NA），包括美国和加拿大两个国家；第二类为拉丁美洲（LAT），包括巴西和墨西哥两个国家；第三类为欧盟（EUR），包括英国、法国、德国、意大利等二十七个国家①；第四类为独联体（CIS），即俄罗斯；第五类为亚洲发达地区（NAS），包括日本、韩国和中国台湾地区；第六类为亚洲新兴地区（OPA），包括印度尼西亚和印度两个国家；第七类为其他地区（OTH），除了投入产出表中的"其他地区"外，还将 2017 年新纳入单独统计的瑞士、克罗地亚和挪威归为其他地区（见表 3-3）。

---

① 欧盟涵盖范围，以 WIOD 投入产出表的最近年份 2014 年为时间节点，因此欧盟包括英国等国家。

表3-3 投入产出表的国家（或地区）分类

经济体	英文代码	国家
北美	NA	美国、加拿大
拉丁美洲	LAT	巴西、墨西哥
欧盟	EUR	英国、法国、德国、意大利、荷兰、比利时、卢森堡、丹麦、爱尔兰、希腊、葡萄牙、西班牙、奥地利、瑞典、芬兰、马耳他、塞浦路斯、波兰、匈牙利、捷克、斯洛伐克、斯洛文尼亚、爱沙尼亚、拉脱维亚、立陶宛、罗马尼亚、保加利亚
独联体	CIS	俄罗斯
亚洲发达地区	NAS	日本、韩国、中国台湾
亚洲新兴地区	OPA	印度尼西亚、印度
其他地区	OTH	其他地区、澳大利亚、（瑞士、克罗地亚、挪威）

资料来源：WIOD 网站，2013 年公布数据网址为：http：//www.wiod.org/database/wiots13，2017 年公布数据网址为：http：//www.wiod.org/database/wiots16。

四、主要技术系数的确定

包括隐含能源在内的隐含流测算，以中国为研究对象的国内外文献很多，同样采用投入产出分析方法的文献仍占有不小的比例，但是研究结果却存在差距，有些甚至得到了完全相反的结果。例如，国内外研究，尤其是国内研究普遍认为中国是隐含能源的净出口国，为世界其他国家的能源消费做出了贡献，但与此同时，马涛（2005）、Li 等（2007）、李坤望和孙玮（2008）、X. F. Wu 和 G. Q. Chen（2017）等研究都得出了中国是隐含能源净进口国的结论。而造成结果差异的原因，有数据来源的影响，但结论差距巨大的根本原因在于技术系数的选择与确定，即隐含能源计算过程中极为重要的能源消耗系数和列昂惕夫逆矩阵（即完全需求系数矩阵）。

1. 中国隐含能源出口侧的技术系数

中国隐含能源的测算包括流出的隐含能源和流入的隐含能源，虽然两侧的测算方法一致，然而在实际计算过程中的复杂程度是不一样的，中国隐含能源出口侧的技术系数的选择就相对单纯，可以完全按照投入产出分析公式和系数定义来确定。

中国隐含能源出口侧技术系数确定的具体方法为：列昂惕夫逆矩阵（即完全需求系数矩阵）的确定根据投入产出分析式（3-6）"$X=(I-A)^{-1}Y$"，由来自 WIOD 网站的投入产出表数据计算得到；中国各产业的能源消耗系数同样按照式（3-12）"$e_{ai}=\dfrac{EC_{ai}}{x_{ai}}$"计算，其中分子"能源消耗"数据来自 WIOD 网站中的能源卫星账户，分母"生产消耗"来自 WIOD 网站中的中国投入产出表。而研究中的中国列昂惕夫逆矩阵（即完全需求系数矩阵）和能源消耗系数的差距，在很多情况下是由投入产出表的选择造成的，例如中国国家投入产出表和 WIOD 网站公布的中国投入产出表必然存在差距，这种误差难以避免。

2. 中国隐含能源进口侧的技术系数选择

中国进口侧隐含能源的技术系数，也就是其他国家对中国出口的隐含能源技术系数，理论上可以完全按照出口侧同样的方法进行计算，WIOD 网站的数据可以支撑 2000~2009 年的公式计算，但是由于前面提到的前后两次公布的数据统计口径发生变化，而且 2010~2014 年的能源卫星账户尚没有发布，考虑到数据处理的复杂度和计算结果的连续性、可比较性，本章放弃完全按照隐含能源公式计算的方法，而是选择相对理想和合适的技术系数来替代。

通过整理文献发现，进口侧隐含能源技术系数的选择方法大致分为几种：第一种是假设技术同质性，即假设从其他国家进口的产品使用与本国同样的生产技术，这样进口侧隐含能源就可以使用本国的技术系数来进行计算，或者是使用进口替代的方法，即使用进口产品的平均技术系数来替代贸易对象国家的平均技术系数，这两种处理方法大体一致，而且操作简单方便，特别是在只有本国投入产出表和能源数据的情况下，也可以计算出隐含能源的双向流动，但是这种方法过于简单，难以反映出贸易对象的生产技术水平。第二种方法是依据贸易份额选择代表性国家，可以选择贸易中份额最大的国家，以其技术系数作为其他国家的替代，也可以选择贸易份额靠前的部分国家，计算平均技术系数并用其替代他国家的技术系数，这种方法的进步之处在于，已经可以部分反映贸易对象的生产技术水平，但是这种代表性仍有限。第三种方法是将贸易对象根据某些特征划分为若干区域，再分别确定技术系数，可以使用上述两种方法，也可以使用 RAS 方法进行估计。

在比较各种技术系数的处理方法后，本书采用多区域的处理方法，将中国贸易对象划分区域，选择代表性国家，并将其投入产出表和能源消耗系数作为该区域计算的技术系数。首先是划分区域，中国隐含能源分析除了计算总规模外，中国与不同地区间的隐含能源流动也是分析的重点内容之一，而且考虑到地理位置布局紧密的国家或地区在行业布局、产品生产技术等方面具有相似性，因此本书按照地理布局分为美洲、欧洲、亚洲、大洋洲、其他等，同时美洲、亚洲内的国家和地区仍有发达国家和新兴国家之分，据此再对洲内国家和地区进行分组，最终形成如表 3-3 所示的七大类国家（或地区）分类。然后在各地区分组中，按照与中国之间的贸易份额，筛选出份额最大的国家作为该分组内的代表性国家，同时考虑到投入产出表尽量减少"0"数据行、列，因此还要参考行业门类发展相对齐全的国家。最终，本书分别选择美国、巴西、德国、俄罗斯、日本、印度和澳大利亚作为北美（NA）、拉丁美洲（LAT）、欧盟（EUR）、独联体（CIS）、亚洲发达地区（NAS）、亚洲新兴地区（OPA）和其他地区（OTH）的代表性国家，使用这些国家的投入产出表数据和能源消耗数据作为该分组计算隐含能源流出的技术系数。

3. 能源消耗系数矩阵的延展

在计算中国和代表性贸易国家（或地区）的能源消耗系数矩阵时，

WIOD 网站公布了各个国家 1995~2009 年的能源卫星账户数据，2000~2009 年代表性国家的能耗系数采用与中国能耗系数相同的方法进行计算。但是，由于 WIOD 网站公布的各国能源卫星账户数据截止到 2009 年，2010~2014 年的能源消耗系数要作出延展以支撑后续的计算。

本书按照同比例调整的方法，对能源消耗系数进行相对简单的延展，即以 2009 年的能源消耗系数为基期，按照当年与前一年的单位 GDP 能耗的比值，逐年同比例延展。具体方法如下：

$$e_{当年} = e_{前一年} \times \frac{当年单位\ GDP\ 能耗}{前一年单位\ GDP\ 能耗}$$

当年与前一年单位 GDP 能耗的比值，可以看作是每个国家能耗系数矩阵的延展系数。本章使用从中国、德国、日本、美国、巴西、俄罗斯、印度和澳大利亚等国家统计局网站获得的 GDP 和能耗数据，计算出 2010~2014 年这些国家的能耗延展系数，具体结果如表 3-4 所示，本章根据该系数对能耗系数矩阵进行延展。

表 3-4　2010~2014 年中国与代表性国家的能耗延展系数

国家	2014 年	2013 年	2012 年	2011 年	2010 年
中国	0.9352	0.9467	0.9342	0.9105	0.9092
德国	0.9189	0.9694	1.0515	0.8695	1.0542
日本	1.0285	1.1738	0.9808	0.8979	0.9541
美国	0.9760	1.0269	0.8954	0.9425	0.9964
巴西	1.0343	1.0389	1.0806	0.8825	0.8311
俄罗斯	1.0847	0.9611	0.9366	0.7746	0.8331
印度	0.9740	1.0003	1.0727	0.9622	0.8364
澳大利亚	1.0852	0.9883	0.8944	0.8584	0.8030

4. 数据单位的换算

能源消耗的统计单位在国内外是不一样的，WIOD 网站环境账户公布的能源数据采用的单位是万亿焦耳（TJ），而国内能源测算使用的单位多为标准煤。由于本书立足中国隐含能源流动的研究，同时国内对中国隐含能源的研究相对较多，为了实现最终结果的可对比性，本书对能源数据进行单位换算，将万亿焦耳（TJ）转换为国内常见的标准煤。单位的转换过程为，根据IEA网站公布的换算标准"1TJ = 238.8Gcal"，再根据"1 千克标准煤 = 7000kcal"的转换，将能源消耗单位由焦耳转化为标准煤。

第三节 中国隐含能源的测算结果

根据第一节说明的隐含能源测算方法，利用 WIOD 网站的投入产出表和能源账户数据，以及调整、计算后的技术系数，本章对中国出口侧与进口侧的隐含能源进行测算，并得到了中国隐含能源的双向流动规模，以及分地区和分行业的详细结果。

一、中国各产业的能源消耗

根据能源消耗系数的计算，可以得到中国各个产业的直接能源消耗系数，可以从一个侧面反映出在实际生产过程中，中国能源消耗的变化情况。2000~2014 年，中国所有产业的单位能源消耗量都呈现出不同程度的减少，即 35 个行业的能源消耗系数表现出明显的下降趋势。

农、牧、林、渔业的能源消耗系数从 2000 年的 1567.05 千克标准煤/亿美元减少到 2008 年的 747.18 千克标准煤/亿美元，金融危机的爆发也没有影响农业领域的能耗进步，到 2014 年仍减少到 491.74 千克标准煤/亿美元，14年间的产业单位能耗共减少了 1075.31 千克标准煤/亿美元，降低幅度达 67%。

2000～2014 年，中国工业化进程取得了极大发展，除了工业规模的扩大，生产技术也取得了不俗的成绩，表现在能耗上就是单位增加值的创造所需消耗的能源是显著减少的。对比 2000～2008 年、2008～2014 年，所有产业在两个时间段内都实现了单位增加值能源消耗的减少，但减少的幅度降低，技术瓶颈的存在使得技术进步不能支持能耗持续、稳定的减少。对比 2000 年和 2014 年的能源消耗系数发现，越是高能耗产业，其单位能耗的减少幅度越大，表现突出的产业部门有电力、天然气和供水业（ISIC Rev. 3 编码：E）和焦炭和精炼石油产品制造业（ISIC Rev. 3 编码：23），这两个都是工业领域单位能耗最高的产业部门，其能耗系数分别从 2000 年的 82823. 32 千克标准煤/亿美元、64829. 68 千克标准煤/亿美元，降低到 2014 年的 20298. 41 千克标准煤/亿美元、19307. 09 千克标准煤/亿美元，单位亿美元增加值的创造所需能源的消费量分别减少了 62524. 91 千克标准煤、45522. 59 千克标准煤，降幅全在七成以上。

相较于工业，服务业一直被看作是低能耗、低污染的绿色产业，服务业的发展和经济总量的扩大也被看作是产业升级的一个标志。但实际上，服务业内容的构成也是参差不齐的，技术经济水平存在差异，特别是近十几年中国服务业的发展速度惊人，服务业的能源消耗及节能减排潜力也是不容小觑的。其中，交通运输是能源消耗压力较大的产业部门，主要有内陆运输、水上运输和航空运输，2000 年的能耗系数分别为 3627. 23 千克标准煤/亿美元、7516. 60 千克标准煤/亿美元、7898. 24 千克标准煤/亿美元，到了 2014 年分别减少到 1218. 98 千克标准煤/亿美元、2822. 62 千克标准煤/亿美元、5849. 10 千克标准煤/亿美元（见表 3-5）。

总体看来，中国各产业的能耗节约取得了实质性的进步，2008 年爆发的金融危机未造成显著的波及，节能减排的重点领域仍是工业，但服务业的潜力也应予以重视。

表 3-5　2000~2014 年中国产业能耗系数及变化

单位：千克标准煤/亿美元

ISIC Rev. 3 编码	名称	2000 年能耗系数	2008 年能耗系数	2014 年能耗系数	2014 年能耗系数-2000 年能耗系数
AtB	农、牧、林、渔业	1567.05	747.18	491.74	-1075.31
C	采矿和采石	5934.32	2596.39	1644.07	-4290.25
15t16	食品、饮料和烟草	1403.52	541.34	351.88	-1051.65
17t18	纺织品和纺织	1308.79	705.05	442.36	-866.44
19	皮革和相关产品制造	445.37	228.04	144.98	-300.39
20	木材、木材制品及软木制品的制造（家具除外）、草编制品及编织材料物品制造	1049.67	507.79	336.82	-712.85
21t22	纸浆，纸和纸板的制造	2940.62	1410.56	930.48	-2010.14
23	焦炭和精炼石油产品制造	64829.68	26583.50	19307.09	-45522.59
24	化学品及化学制品制造	9343.80	3033.41	1975.42	-7368.37
25	橡胶和塑料制品制造	1503.25	595.50	387.96	-1115.29
26	其他非金属矿物制品制造	8508.21	5760.42	3865.67	-4642.54
27t28	基本金属制造	9700.64	4507.23	3066.63	-6634.01
29	机械设备除外的金属制品制造	1013.89	399.81	268.55	-745.34
30t33	电气和光学设备	353.34	143.05	94.95	-258.39
34t35	运输设备	1042.93	320.72	224.96	-817.97
36t37	其他制造业，机械和设备的修理	1487.10	452.22	289.50	-1197.60
E	电力、天然气和供水	82823.32	29478.76	20298.41	-62524.91
F	建筑业	773.16	400.42	270.05	-503.11
50	批发和零售业；汽车和摩托车修理	0.00	0.00	0.00	0.00
51	汽车和摩托车外的批发贸易	645.60	180.65	122.69	-522.91
52	汽车和摩托车外的零售贸易	992.66	403.75	265.39	-727.28
H	运输与存储	702.35	586.79	434.98	-267.36
60	其他的内陆运输	3627.23	1884.62	1218.98	-2408.25
61	其他水上运输	7516.60	4150.12	2822.62	-4693.98
62	其他航空运输	7898.24	5275.84	5849.10	-2049.13

续表

ISIC Rev. 3 编码	名称	2000 年能耗系数	2008 年能耗系数	2014 年能耗系数	2014 年能耗系数- 2000 年能耗系数
63	其他支持和辅助运输活动；旅行社活动	1628. 19	1327. 55	870. 93	-757. 26
64	邮电	762. 75	307. 76	205. 05	-557. 70
J	金融中介	263. 50	106. 80	70. 62	-192. 89
70	房地产	337. 93	90. 72	58. 57	-279. 36
71t74	并购中的租赁与其他商务活动	654. 73	348. 24	233. 87	-420. 86
L	公共行政与国防；强制性社会保障；制度保障	677. 96	444. 12	299. 69	-378. 27
M	教育	1380. 91	509. 58	347. 81	-1033. 10
N	健康与社会工作	563. 03	468. 95	325. 80	-237. 23
O	其他社区、社会及个人服务	1534. 31	680. 07	451. 73	-1082. 58
P	家庭作为雇主的；家庭自用、未加区分的物品生产和服务	0. 00	0. 00	0. 00	0. 00

资料来源：根据 WIOD 网站的国家投入产出表和环境账户（能源），以及《中国统计年鉴》相关数据计算。

二、中国隐含能源的总体规模与流动方向

根据中国出口侧和进口侧隐含能源的测算，中国继续保持隐含能源净出口的地位，而且从 2000 年到 2014 年，隐含能源的双向流动出现了一些新的变化和趋势。

首先，中国不仅是隐含能源净出口国家，而且是总的能源（直接能源+隐含能源）净出口国家。从表 3-6 可以看出，我国隐含能源进口和出口均总体呈现增长态势，但隐含能源出口始终大于隐含能源进口，2000~2014 年前者年度规模一般是后者的 2~3 倍，2000~2014 年隐含能源累计出口 1513846 万吨标准煤，隐含能源累计进口为 606445 万吨标准煤，前者是后者的 2.5 倍，期间隐含能源净出口累计达到 907401 万吨标准煤。进一步结合我国能源

进出口情况分析，可以得到更多有价值的信息。表 3-6 数据显示，在直接能源贸易方面，我国一直是能源净进口国，并且这个数据是呈现持续增长态势，我国净进口能源 2000 年为 5000 万吨标准煤，2014 年增长到 69054 万吨标准煤。但是，在隐含能源方面，我国却一直是能源净出口国，并且这个数据总体上也呈现持续增长态势，2000 年隐含能源净出口规模为 22635 万吨标准煤，2014 年增长到 90009 万吨标准煤。两相汇总，我国实际上一直是能源净出口国，（直接+隐含）能源总净出口规模在 2008 年国际金融危机之前呈现快速增长态势，峰值出现在 2007 年，达到 55979 万吨标准煤；国际金融危机后，（直接+隐含）能源总净出口规模相对稳定，维持在 1.6 亿~2.3 亿吨标准煤的规模水平。由此，（直接+隐含）能源总净出口占能源消费总量的比重在高点时超过 20%（如 2006 年达到 20.9%），金融危机后这一比重出现显著下降，但仍超过 4%（如最低点在 2013 年，占比为 4.1%）。

根据表 3-6 数据分析，还可揭示出我国在能源进出口方面，呈现"双大于"特征，即隐含能源出口规模大于直接能源进口规模、隐含能源净出口规模大于直接能源净进口规模。事实上，2000~2014 年隐含能源出口规模远大于直接能源进口规模，一般地，前者是后者的两倍以上，2001~2008 年前者是后者的 3 倍及以上。累计下来，2000~2014 年隐含能源出口规模合计数为 1513846 万吨标准煤，直接能源进口规模合计数为 609895 万吨标准煤，前者是后者的 2.48 倍。2000~2014 年隐含能源净出口规模同样要大于直接能源净进口规模，2008 年国际金融危机之前是远大于，危机后有所收窄。累计下来，2000~2014 年隐含能源净出口规模合计数为 907401 万吨标准煤，直接能源净进口规模合计数为 461619 万吨标准煤，前者是后者的 1.97 倍。

根据中国隐含能源流入和流出总规模，大致可以推测中国隐含能源出口高速增长阶段已经过去，从一个侧面反映出中国经济正从高速增长阶段转向高质量发展阶段。根据表 3-6 的数据计算可以得到，在 2008 年国际金融危机之前，中国隐含能源出口规模年均增长率都比较高，一般在10%以上；在国际金融危机的冲击下，2008年和2009年中国隐含能源出口出现了短暂的负增长，但是很快又重拾增长态势，2010~2012年平均增长率仍高于10%；不过，2013年和2014年则出现了低速增长，年均增长率低于2%。这种增长速度变化的背后，实际上是中国经济发展增速变化、国内能源利用效率的提高、中国外贸增长方式转型的综合反映，反映了中国经济发展进入了新阶段，即从高速增长阶段转向高质量发展阶段。

表3-6　中国能源进出口情况

年份	直接能源进出口 (万吨标准煤)			隐含能源进出口 (万吨标准煤)			(直接+隐含)总净出口(万吨标准煤)	能源消费总量(万吨标准煤)	总净出口占能源消费比重(%)
	进口	出口	净进口	进口	出口	净出口			
2000	14327	9327	5000	17202	39837	22635	17635	146964	12.0
2001	13471	11145	2326	19375	40411	21036	18710	150406	12.4
2002	15769	11695	4074	24176	48051	23875	19801	159431	12.4
2003	20048	12989	7059	29557	63442	33885	26826	183792	14.6
2004	26593	11646	14947	35395	81222	45827	30880	213456	14.5
2005	26823	11257	15566	35625	95884	60259	44693	261369	17.1
2006	31171	10925	20246	36698	110901	74203	53957	258676	20.9
2007	35062	9995	25067	40238	121284	81046	55979	280508	20.0
2008	36764	9955	26809	40900	121178	80278	53469	291448	18.3
2009	47313	8440	38873	40664	102266	61602	22729	306647	7.4
2010	57671	8803	48868	50271	119256	68985	20117	360648	5.6
2011	65437	8449	56988	56171	129957	73786	16798	387043	4.3
2012	68701	7374	61327	57186	144697	87511	26184	402138	6.5
2013	73420	8005	65415	63837	146301	82464	17049	416913	4.1
2014	77325	8271	69054	59150	149159	90009	20955	425806	4.9
合计	609895	148276	461619	606445	1513846	907401	445782	4245245	—

资料来源：直接能源进口、出口和能源消费总量来源于《中国统计年鉴》（历年）"综合能源平衡表"；隐含能源进口、出口根据计算而得。

三、中国与各经济体间隐含能源的流动规模与方向

对比分析中国与世界各经济体之间隐含能源的流动，由于经济体间经济

发展、工业化进程、要素禀赋、贸易开放程度等差异的存在，隐含能源的流动方向与流动规模也存在差异性。中国与各经济体之间隐含能源的双向流动情况主要包括以下几点：

首先，观察中国与各经济体之间隐含能源的流动规模，中国流向传统重点贸易地区的隐含能源呈现停滞和下降的趋势，而流向世界其他地区的隐含能源呈现较快增长态势。表 3-7 的数据显示，在隐含能源流出方面，中国流向北美、欧盟、亚洲发达经济体的隐含能源在 2011 年之后呈现停滞或下降的趋势，2011 年流入这三个发达地区的隐含能源合计为 79505 万吨标准煤，2014 年则下降到 69504 万吨标准煤；而与此相反，中国流向俄罗斯和世界其他地区的隐含能源仍在较大幅度的增长，其中 2014 年流向世界其他地区的隐含能源较 2011 年增长了 76%。这一方面说明，我国经济进入"新常态"以来因贸易格局变化而导致隐含能源流出的格局发生了变化，尤其是实施"一带一路"倡议所产生的贸易格局变化，进而产生隐含能源流出格局的积极变化；另一方面，也要高度注意贸易格局的变化以及"一带一路"倡议实施可能产生的隐含能源流出问题。考虑到世界其他地区更多属于发展中国家和新兴经济体，我们也可以说，近年来出口到发达经济体的隐含能源比重下降，而出口到新兴经济体的隐含能源比重上升。

表 3-7 中国与各经济体之间的隐含能源进出口状况

年份	隐含能源出口（万吨标准煤）						
	北美	欧盟	俄罗斯	亚洲发达经济体	亚洲新兴经济体	世界其他地区	合计
2000	11471	8557	225	9073	1304	9207	39837
2001	11169	8518	317	9052	1289	10066	40411
2002	13057	9308	455	10093	1438	13701	48051
2003	16307	12896	598	13241	1828	18572	63442
2004	21327	16703	654	16788	2279	23472	81222

续表

年份	隐含能源出口（万吨标准煤）						
	北美	欧盟	俄罗斯	亚洲发达经济体	亚洲新兴经济体	世界其他地区	合计
2005	25597	19329	905	18282	2968	28804	95884
2006	28611	23200	1445	19638	3993	34014	110901
2007	28942	27030	2305	19538	4751	38717	121284
2008	27434	26597	2432	19152	4948	40616	121178
2009	24243	22483	1853	16774	5101	31812	102266
2010	27070	26030	2650	19701	6068	37736	119256
2011	28059	28591	3146	22855	7419	39887	129957
2012	24806	22292	3430	20877	5850	67442	144697
2013	23880	23916	3632	20557	5797	68518	146301
2014	24798	23555	3429	21152	5898	70329	149159

年份	隐含能源进口（万吨标准煤）						
	北美	欧盟	俄罗斯	亚洲发达经济体	亚洲新兴经济体	世界其他地区	合计
2000	1415	1292	2438	4547	1331	6177	17202
2001	1500	1496	2401	4918	1320	7741	19375
2002	1592	1704	2859	5834	1562	10625	24176
2003	1923	1964	2970	6958	1676	14065	29557
2004	2422	2224	3294	8410	1728	17317	35395
2005	2562	2022	3436	8993	1808	16804	35625
2006	2861	2272	2710	10324	1910	16621	36698
2007	3704	2449	2683	11594	2044	17765	40238
2008	4225	2694	2664	11268	2026	18024	40900
2009	4050	2894	3294	10090	2547	17790	40664
2010	5509	3903	3597	13221	3560	20480	50271
2011	6626	4427	4943	14879	4411	20885	56171
2012	4697	3675	3776	11864	4084	29091	57186
2013	5055	3494	2805	13272	3801	35410	63837
2014	5073	3398	2892	12972	2829	31987	59150

其次，中国进口来自主要发达经济体的隐含能源所占比重出现下降，而来自世界其他地区的隐含能源所占比重上升，这一比重已超过50%。根据表3-7数据计算可得，2000年中国从北美、欧盟、亚洲发达经济体流入的隐含能源合计为7255万吨标准煤，2011年上升到25932万吨标准煤，此后停止增长，2014年仅为21443万吨标准煤。与此同时，2000年以来中国从世界其他地区流入的隐含能源几乎一直呈上升态势，2012年来自世界其他地区的隐含能源所占比重已经达到50.9%，2013年和2014年分别为55.5%和54.1%。

最后，从隐含能源流入流出双向情况来看，中国都呈现隐含能源净流出状况。图3-1显示，中国在与世界主要经济体之间的隐含能源净出口状况，在2002年及以前，尚有俄罗斯和亚洲新兴经济体呈净流入状态，此后，亚洲新兴经济体从净流入状态转向净流出状态；2013年开始，长期以来处于净流入状态的俄罗斯也变成净流出状态。至此，我国与世界主要经济体之间隐含能源均呈净流出状态。图3-2则显示了隐含能源净出口占比情况，北美、欧

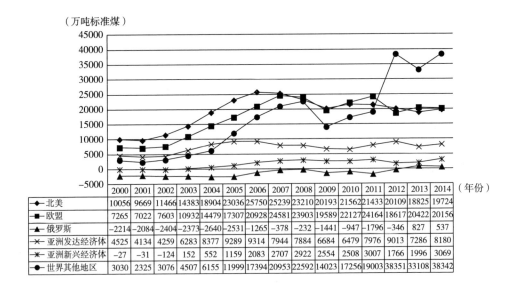

（万吨标准煤）

	2000	2001	2002	2003	2004	2005	2006	2007	2008	2009	2010	2011	2012	2013	2014	（年份）
北美	10056	9669	11466	14383	18904	23036	25750	25239	23210	20193	21562	21433	20109	18825	19724	
欧盟	7265	7022	7603	10932	14479	17307	20928	24581	23903	19589	22127	24164	18617	20422	20156	
俄罗斯	-2214	-2084	-2404	-2373	-2640	-2531	-1265	-378	-232	-1441	-947	-1796	-346	827	537	
亚洲发达经济体	4525	4134	4259	6283	8377	9289	9314	7944	7884	6684	6479	7976	9013	7286	8180	
亚洲新兴经济体	-27	-31	-124	152	552	1159	2083	2707	2922	2554	2508	3007	1766	1996	3069	
世界其他地区	3030	2325	3076	4507	6155	11999	17394	20953	22592	14023	17256	19003	38351	33108	38342	

图3-1　中国与世界主要经济体之间隐含能源净出口规模

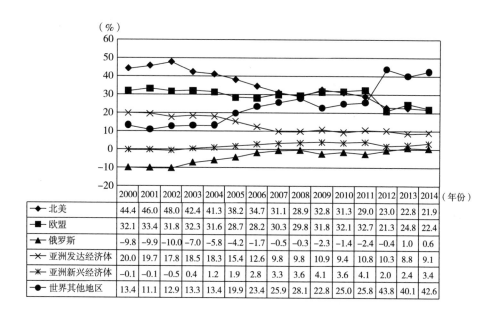

（%）	2000	2001	2002	2003	2004	2005	2006	2007	2008	2009	2010	2011	2012	2013	2014 (年份)
◆ 北美	44.4	46.0	48.0	42.4	41.3	38.2	34.7	31.1	28.9	32.8	31.3	29.0	23.0	22.8	21.9
■ 欧盟	32.1	33.4	31.8	32.3	31.6	28.7	28.2	30.3	29.8	31.8	32.1	32.7	21.3	24.8	22.4
▲ 俄罗斯	−9.8	−9.9	−10.0	−7.0	−5.8	−4.2	−1.7	−0.5	−0.3	−2.3	−1.4	−2.4	−0.4	1.0	0.6
✳ 亚洲发达经济体	20.0	19.7	17.8	18.5	18.3	15.4	12.6	9.8	9.8	10.9	9.4	10.8	10.3	8.8	9.1
✳ 亚洲新兴经济体	−0.1	−0.1	−0.5	0.4	1.2	1.9	2.8	3.3	3.6	4.1	3.6	4.1	2.0	2.4	3.4
● 世界其他地区	13.4	11.1	12.9	13.3	13.4	19.9	23.4	25.9	28.1	22.8	25.0	25.8	43.8	40.1	42.6

图 3-2　中国与世界主要经济体之间隐含能源净出口占比情况

美和亚洲发达经济体所占比重都出现显著下降，而其他地方出现不同程度的上升，其中，俄罗斯和世界其他地区上升态势显著。与 2000 年相比，2014年中国净出口到世界其他地区的隐含能源所占比重上升了 29.2%，而俄罗斯由负转正，所占比重上升了 10.4%。

四、中国产业部门的隐含能源流动

根据上面的分析，中国是隐含能源的净流出国，在与世界各经济体进行国际贸易时也多数处于净出口国的地位，但是隐含能源在各个产业间的情况却存在着很大的差别，接下来根据表 3-8 对比分析 2000 年和 2014 年中国隐含能源的流动情况。

根据传统的三次产业分类，编号 1 的产业是第一产业，编号 2 至编号 18的产业是第二产业，即工业，编号 19 至编号 35 的产业为第三产业，即通常

表 3-8　2000 年和 2014 年中国各行业隐含能源流动情况

单位：万吨标准煤

编号	ISIC Rev. 3 编码	名称	流出		流入		净流出	
			2000 年	2014 年	2000 年	2014 年	2000 年	2014 年
		第一产业	**367.9**	**409.1**	**519.5**	**2271.8**	**−151.7**	**−1862.7**
1	AtB	农、牧、林、渔业	367.9	409.1	519.5	2271.8	−151.7	−1862.7
		第二产业	**33997.1**	**133274.0**	**16080.6**	**49619.0**	**17916.5**	**83654.9**
2	C	采矿和采石	981.9	929.3	1745.2	8716.1	−763.2	−7786.7
3	15t16	食品、饮料和烟草	866.7	1714.2	352.7	1774.2	514.0	−60.0
4	17t18	纺织品和纺织	4591.1	12110.7	569.1	424.1	4021.9	11686.5
5	19	皮革和相关产品制造	911.6	1475.4	90.0	191.9	821.5	1283.5
6	20	木材、木材制品及软木制品的制造（家具除外）、草编制品及编织材料物品制造	239.8	848.6	143.9	315.5	95.9	533.2
7	21t22	纸浆，纸和纸板的制造	331.7	1005.8	527.9	756.2	−196.2	249.6
8	23	焦炭和精炼石油产品制造	2256.0	7515.3	2904.7	8441.3	−648.7	−926.0
9	24	化学品及化学制品制造	3295.1	12995.2	4460.3	10092.4	−1165.2	2902.8
10	25	橡胶和塑料制品制造	1735.8	4371.5	174.9	545.4	1560.8	3826.1
11	26	其他非金属矿物制品制造	1400.8	5680.4	143.5	600.0	1257.3	5080.5
12	27t28	基本金属制造	5485.5	20710.8	2138.9	7461.0	3346.6	13249.8
13	29	机械设备除外的金属制品制造	1512.1	11319.3	646.9	1283.8	865.3	10035.6
14	30t33	电气和光学设备	7852.7	40320.6	1796.9	6570.5	6055.8	33750.1
15	34t35	运输设备	848.9	5898.2	160.1	1164.9	688.8	4733.3
16	36t37	其他制造业，机械和设备的修理	1123.2	4208.1	137.1	927.7	986.1	3280.4
17	E	电力、天然气和供水	464.5	1151.0	53.0	243.8	411.5	907.2
18	F	建筑业	99.7	1019.4	35.3	110.2	64.4	909.2
		第三产业	**5472.1**	**15494.7**	**601.6**	**7259.3**	**4870.5**	**8235.5**
19	50	批发和零售业；汽车和摩托车修理	0.0	0.0	1.1	19.3	−1.1	−19.3

续表

编号	ISIC Rev. 3 编码	名称	流出		流入		净流出	
			2000 年	2014 年	2000 年	2014 年	2000 年	2014 年
20	51	汽车和摩托车外的批发贸易	1211.1	2931.0	51.2	496.6	1159.9	2434.4
21	52	汽车和摩托车外的零售贸易	262.3	654.5	6.2	135.3	256.2	519.1
22	H	运输与存储	267.7	259.3	11.0	395.0	256.7	-135.7
23	60	其他的内陆运输	392.3	1796.9	143.9	1636.6	248.4	160.3
24	61	其他水上运输	899.3	2667.0	41.0	355.7	858.2	2311.3
25	62	其他航空运输	737.6	3275.5	130.6	3183.7	607.0	91.8
26	63	其他支持和辅助运输活动；旅行社活动	206.9	251.7	2.5	21.2	204.3	230.5
27	64	邮电	109.0	43.2	22.8	56.0	86.2	-12.8
28	J	金融中介	7.8	77.9	24.6	39.7	-16.8	38.2
29	70	房地产	0.0	0.0	0.1	0.3	-0.1	-0.3
30	71t74	并购中的租赁与其他商务活动	635.6	3113.6	117.7	491.8	517.9	2621.8
31	L	公共行政与国防；强制性社会保障；制度保障	12.1	28.4	14.6	39.6	-2.5	-11.3
32	M	教育	16.4	19.0	0.2	22.6	16.2	-3.7
33	N	健康与社会工作	11.6	41.4	4.9	18.4	6.7	23.1
34	O	其他社区、社会及个人服务	702.5	335.4	29.4	347.5	673.1	-12.1
35	P	家庭作为雇主；家庭自用、未加区分的物品生产和服务	0.0	0.0	0.0	0.0	0.0	0.0
		合计	39837.0	149177.8	17201.8	59150.1	22635.3	90027.7

所说的服务业。第一产业即"农、牧、林、渔业",一直以来就是中国隐含能源净流入的产业,而且隐含能源的流入规模扩张迅速,自 2000 年的 519.5 万吨标准煤扩大到 2014 年的 2271.8 万吨标准煤,扩大了 3 倍多,而同期隐含能源的流出规模并不显著,从 367.9 万吨标准煤到 409.1 万吨标准煤,只增加了 41.2 万吨标准煤。

第二产业,就是通常所说的工业,是中国隐含能源流出与净流出的重点行业。2000～2014 年，隐含能源流出规模从 33997.1 万吨标准煤增加到 133274 万吨标准煤，扩大了近 3 倍，同期隐含能源流入规模从 16080.6 万吨标准煤增加到 49619 万吨标准煤，扩大了 2 倍多，这导致隐含能源净出口也由 17916.5 万吨标准煤增加到 83654.9 万吨标准煤，扩大了近 3.7 倍。

第三产业，即服务业，也是中国隐含能源的净流出行业。2000～2014 年，隐含能源流出规模从 5472.1 万吨标准煤增加到 15494.7 万吨标准煤，扩大了不到 2 倍，同期隐含能源流入规模从 601.6 万吨标准煤增加到 7259.3 万吨标准煤，扩大了 11 倍多，第三产业隐含能源流入增长迅速主要源于经济活动和居民生活升级带来的，增长点集中在交通运输、商业活动和社区服务等。共同作用下，隐含能源净出口由 4870.5 万吨标准煤增加到 8235.5 万吨标准煤，只扩大了近 0.7 倍。

根据 2014 年测算的隐含能源数据，中国隐含能源流出规模排在前五的行业分别为电气和光学设备（编号 14）、基本金属制造（编号 12）、化学品及化学制品制造（编号 9）、纺织品和纺织（编号 4）、机械设备除外的金属制品制造（编号 13），流出规模为 97412.14 万吨标准煤，占总流出规模的 65%。2014 年中国隐含能源规模流入排在前五的行业分别为化学品及化学制品制造（编号 9）、焦炭和精炼石油产品制造（编号 8）、电气和光学设备（编号 14）、采矿和采石（编号 2）、基本金属制造（编号 12），流入规模为 41281.3 万吨标准煤，占总流入规模的 69%。中国隐含能源净流出规模排在前五的行业分别为电气和光学设备（编号 14）、基本金属制造（编号 12）、纺织品和纺织（编号 4）、机械设备除外的金属制品制造（编号 13）、其他非金属矿物制品制造（编号 11），占总净流出规模的 72%。隐含能源净流入规模排在前五的行业分别为采矿和采石（编号 2）、农牧林渔业（编号 1）、运输与存储（编号 22）、批发和零售业与汽车和摩托车修理（编号 19）、邮电（编号 27），占总净流入规模的 99% 以上。

第四节　中国隐含能源的分析

根据之前中国进口和出口方向隐含能源的测算，2000～2014 年，中国经济经历了由高速增长到中高速增长的转变，经济发展的重心也由规模扩大的量变转移到产业结构转型升级的质变，金融危机的爆发与全球蔓延导致了国际贸易的持续低迷。在此国内外背景下，与国家经济发展与全球贸易局势紧密相关的隐含能源，也在貌似稳定的大趋势下出现了一些新的变化，本节结合上一节的隐含能源数据进行分析。

一、结论

首先，中国是典型的隐含能源净出口国，且隐含能源的出口规模和净出口规模在近几年都表现出继续扩大的趋势，而隐含能源的进口规模则略有收缩。从这一角度来看，中国虽然消费了全球最大的能源份额，但实际上，中国为全球消费者提供商品和服务的同时，也出口了产品和服务中隐藏的能源，而且把污染留在了国内。

其次，我国各个产业发展一直都将节能减排作为重点发展方向之一，所有行业在 2000～2014 年的能源消耗都有不同程度的减少，仅有 4 个行业的能耗降幅不足 50%。早在 21 世纪初，中国就已经致力于工业领域的节能减排，到现在取得了显著的成绩，包括化学品制造、设备制造、金属品制造、矿石开采及产品制造等在内的制造业，是能源消费减少的重点。除此之外，服务业的节能降耗也已经取得了突出的成绩，而且随着行业的发展和产值的增加，这也将成为未来能源消耗降低的潜力所在。

再次，中国在国际贸易中是一个开放程度很高的国家，所有行业都存在隐含能源的流动，与几乎所有开放的国家都存在隐含能源的流动，且隐含能源流动规模在金融危机期间受到明显的冲击。欧美老牌发达国家与东亚发达国家是我国隐含能源流出的主要目的地，经济体量和区域距离的优势显著，而金融危机后，除了国际贸易受到冲击外，美国通过"再工业化"再度恢复出口实力，欧盟的对外贸易壁垒逐渐显现，日本和韩国则更加重视高新技术产业，这直接或间接地导致中国隐含能源净出口规模的放缓，倒逼中国产业结构转型升级，继续提高能源利用效率。长期以来，中国是国际贸易中的隐含能源供给方，俄罗斯和亚洲非发达地区是中国隐含能源的供给方，而两者的供给方角色在近几年发生了转变，俄罗斯对中国隐含能源的净流出规模已经小于亚洲非发达地区。

最后，我国通过农产品流入的隐含能源规模大于流出规模，农业是典型的隐含能源流入行业。尽管工业是我国隐含能源净流出的主体，但是由于产业间贸易的存在，隐含能源流入和流出的重点行业存在交叉：隐含能源流出的重点集中在制造业，包括设备制造、纺织品制造、化学品制造和金属制造等；而隐含能源的流入集中在矿石及相关产品制造等行业。服务业也是隐含能源净流出行业，隐含能源流动规模相对较小，交通设备和运输服务是能源流出的主体，而商业服务和社会公共服务是隐含能源的流入主体。可见，制造业产品、交通设备和运输服务等，是我国隐含能源净流出的突出行业。

二、启示

金融危机后的中国产业发展和对外贸易面临国内外的双重压力：在国内，中国经济增长放缓背景下，产业发展面临高质量、调结构、降能耗等多重任务；在国外，中国既要履行节能减排的承诺，又要应对其他经济体对我国国际贸易的挑战。本书从隐含能源总规模、与各经济体之间的流动、产业间流动，以及产业能耗进步等方面，由浅入深全面分析了中国隐含能源的现状与十五年间取得的进展。而详细的分析，也为中国能源的国际地位、未来发展提出了重要的启示。

首先，国际上关于"中国能源威胁论""中国资源环境威胁论"等论调是完全错误的。尽管我国每年进口大量的石油、天然气等能源，但同时我国又以更大的规模在出口能源，只不过这种出口的方式是以隐含流的方式进行。作为世界工厂，中国每年消耗的能源很大程度上是为生产出口产品而消耗的，中国的能源消耗很大程度上是一种替代消耗。与此相联系，在有关气候变化谈判和其他相关国际资源环境议题领域，我国应主张"消费者责任"，坚决摒弃发达国家所主张的"生产者责任"和"属地原则"。

其次，在国际能源谈判和对外贸易方面，在清醒认识中国自身地位的基础上，尽可能争取自身应得利益。通过中国国际贸易中隐含能源的测算，可以肯定中国巨额能源消费中，很大一部分是用于满足世界消费者的产品或服务需求，因此中国承担的节能减排责任要在合理范围内，为以后的发展预留空间。同时要积极参与国际碳税等国际节能减排合作，按照权利与义务对等原则，既承担自身能耗降低和碳排放减少的义务，也要依据为满足他国需求而引致的能源消耗和污染物排放，得到相应的补偿。特别是金融危机后，发达国家和老牌工业国家再度重视工业发展，加之国际贸易规模继续受到后危机的波及，中国隐含能源净出口被动型放缓，中国在节能减排上的贡献方优势存在被挤压的潜在威胁，由此，理性预估中国的节能减排空间和优化贸易结构，就更为重要和紧迫。

再次，立足国际视角，高度重视隐含能源流向的新变化。从格局变化来看，无论是流出还是流入，我国与世界其他地区的隐含能源流入流出都占据主导地位。考虑到世界其他地区中包含众多的发展中国家和新兴经济体，也包含诸多"一带一路"沿线国家，这就要求我们在推进"一带一路"建设的同时，更加注重隐含能源流动问题。这也要求我们在开展进一步研究时，尽可能参与到细化编制世界投入产出表的研究工作中去，以便更准确地反映这个变化了的世界。

与此同时，要立足国内，这是中国节能减排的主战场，坚定地发挥产业结构转型升级在节能减排中的重要作用，并重视技术进步在这一过程中的关键作用。产业结构转型升级的具体实施过程也是减少能源消耗的过程：一是用技术改造传统优势产业，为其注入生机和活力的同时，淘汰落后产能；二是做大铅锌、化工、钢铁等主导产业，并发展生物制药、新材料、新能源等战略新兴产业，即依靠技术进步既要降低重点能源消耗工业领域的能耗，又要促进低能耗工业的发展；三是服务业单位能耗水平较低，要重视重工业到服务业发展的过渡，除了要提高交通设备贸易、运输服务等的能耗效率外，还要增加本国公共服务、商务金融服务、健康服务等领域服务的提供。所有行业的有效发展离不开技术进步、推广与产业化应用的推动，这就需要从上到下完善鼓励技术创新的环境，政府通过财政补贴、税收减免等手段引导技术创新，行业代表性国企要发挥创新先驱作用，同时完善法律体系对产品专利的保护，鼓励适当的行业内和跨行业的兼并重组，实现先进生产技术的大范围推广。

最后，从能源本身出发，做到开源节流的双重进步。节流，就是要通过采用先进的管理技术和生产技术等手段，提高传统矿石能源的利用效率，延长可探明能源的使用年限。开源，就是鼓励开发和使用新能源，作为可持续能源，既有效缓解了能源枯竭问题，又可以避免碳排放和环境污染问题。与中国经济增速放缓、生产方式转变、产业结构优化等发展目标相适应，更加集约利用能源，尽快减小隐含能源出口规模，从而为减小中国能源直接进口规模创造条件。

本章小结

　　本章在梳理中国隐含能源研究现状和国内外投入产出分析方法的基础上，选择投入产出分析方法，并在数据发布不完整的情况下，通过对贸易国家进行经济体划分，并从中选取代表性国家进行替代处理，运用这种多区域投入产出分析方法计算出 2000~2014 年中国隐含能源的双向流动规模，且细化到中国与各经济体之间的隐含能源流动、各产业间的隐含能源流动。隐含能源的计算结果揭示出，中国仍是典型的隐含能源净出口国，而且在中国与各经济体之间，近年来（2013 年及以后）中国扮演了隐含能源净出口国身份，中国巨额能源的进口与消费很大程度上满足了国外市场的能源需求；中国隐含能源进出口呈现"双大于"特征，即隐含能源出口规模大于直接能源进口规模、隐含能源净出口规模大于直接能源净进口规模；中国隐含能源出口高速增长阶段已经结束（2013 年以后转向低速增长），今后很有可能转为负增长，这从一个侧面反映出中国经济正从高速增长阶段转向高质量发展阶段。隐含能源的计算也揭示出，隐含能源概念的提出逆转中国能源消费大国的印象，"消费者责任"原则更利于中国等后发国家的能源和气候谈判，而且全球化有利于中国在世界市场通过开源节流解决现存的能源问题，其中技术进步的作用不容小觑。

第四章　全球对外贸易中的
隐含能源测算

文章前面内容分析和描述的是中国能源生产和消费现状，以及在国际贸易过程中的能源地位，但是这些分析的立足点仅局限于中国，在判断中国当前能源地位和能源环境时难以把握准确性和精准度。鉴于此，本章参照世界银行对全球所有国家的分类，以及国家自身经济的代表性，与中国经济发展、能源贸易等的关联度，筛选出部分代表性国家，通过对这些国家隐含能源的测算，以窥国际贸易中能源流动的现状与变化。代表性国家的隐含能源可以与中国的能源现状形成参照与比较，可以从历史纵观和行业横向双角度，进一步厘清中国能源在国际贸易中的角色，并探讨中国能源未来发展的可行道路与潜在空间。

第一节　代表性国家隐含能源的测算方法

一、代表性国家的选择

出于参照和对比分析的需要，本书选择美国、俄罗斯、欧盟、日本、印度这五个国家和地区，而这些国家和地区可以作为世界能源和隐含能源分析的代表，主要有几下几点原因：

首先，不管从经济体量还是从能源规模上看，这五个国家和地区都占据了不容小觑的份额，其国家生产总值的规模占到了全球总规模的六成左右，又是世界主要的贸易对象，俄罗斯规模庞大的能源生产八成以上用于出口，其他国家和地区的能源使用都在不同程度上依赖着进口供给。由此可以看出，对这些国家和地区的能源分析基本上可以反映出全球经济发展和能源问题的总体变化趋势，是具有总体代表性的。

其次，细化来看，每一个国家和地区的选择都具有各自的特点，具备与中国能源及隐含能源问题形成比较和参照的价值。对照国家和地区，根据经济发展水平和人均收入水平，可以分为发达国家、发展中国家和混合经济体，其中美国、日本是典型的发达国家，它们的发展阶段、工业化进程等都先于中国，同时也先于中国面临资源紧缺、环境污染等问题；欧盟则是混合经济体，经济体内既有英国、德国、法国等老牌发达国家，也有波兰、斯洛伐克、爱沙尼亚、拉脱维亚等发展中国家，可以说，欧盟的总体发展先于中国，但局部也面临与中国相同的问题；而俄罗斯和印度都是发展中国家，印度既是中国国际市场上的竞争对手，又面临同样的发展困境，而俄罗斯则是很早就开始工业化的国家，又是能源丰富、以能源出口为重点的国家，因此可以成为中国发展的参照与对比。

由此，本章选取美国、俄罗斯、日本、欧盟和印度作为中国能源和隐含能源分析的对照，采用同样的方法，测算 2000~2014 年相同时间段内的隐含能源流动情况，既可以与中国隐含能源情况形成国际横向对照，作为判断中国隐含能源情况和位置的依据，又可以为中国能源和隐含能源的未来发展提供具有参考性的经验。

二、贸易对象的划分与处理

在计算国家流入的隐含能源时，需要明确贸易对象，本章仍是沿用之前的贸易对象划分（见表3-3），但是由于目标国家由中国换成了代表性国家，因此贸易对象也要进行必要的调整，主要的调整如下：

美国的贸易对象包括八个部分，分别为北美（加拿大）、拉丁美洲（巴西、墨西哥）、欧盟（英国、法国、德国、意大利等27个国家）、俄罗斯、中国、亚洲发达地区、亚洲新兴地区（印度尼西亚、印度）、其他（其他地区、澳大利亚、（瑞士、克罗地亚、挪威））。

俄罗斯的贸易对象包括七个部分，分别为北美（美国、加拿大）、拉丁美洲（巴西、墨西哥）、欧盟（英国、法国、德国、意大利等27个国家）、中国、亚洲发达地区、亚洲新兴地区（印度尼西亚、印度）、其他（其他地区、澳大利亚、（瑞士、克罗地亚、挪威））。

日本的贸易对象包括八个部分，分别为北美（美国、加拿大）、拉丁美洲（巴西、墨西哥）、欧盟（英国、法国、德国、意大利等27个国家）、俄罗斯、中国、亚洲发达地区、亚洲新兴地区（印度尼西亚、印度）、其他（其他地区、澳大利亚、（瑞士、克罗地亚、挪威））。

欧盟的贸易对象包括七个部分，分别为北美（美国、加拿大）、拉丁美洲（巴西、墨西哥）、俄罗斯、中国、亚洲发达地区、亚洲新兴地区（印度尼西亚、印度）、其他（其他地区、澳大利亚、（瑞士、克罗地亚、挪威））。

印度的贸易对象包括八个部分，分别为北美（美国、加拿大）、拉丁美洲（巴西、墨西哥）、欧盟（英国、法国、德国、意大利等27个国家）、俄罗斯、中国、亚洲发达地区、亚洲新兴地区（印度尼西亚）、其他（其他地区、澳大利亚、（瑞士、克罗地亚、挪威））。

代表性国家流入的隐含能源，则根据上述的贸易对象，分组进行进口额的计算、能源消耗指数的计算，以及隐含能源的计算。

三、代表性国家关键指数的选择

隐含能源的计算过程中，涉及部分关键指数的选择和计算，由于隐含能源的计算分别要立足美国、俄罗斯、日本、欧盟和印度这五个国家和地区，因此期间的关键指数也要作出调整。这些调整如表4-1所示：

第一个调整为代表性国家出口侧的技术系数，即能源消耗系数。该系数仍采用之前的计算公式（3-12）"$e_{ai} = \dfrac{EC_{ai}}{x_{ai}}$"，即代表性国家的能源消耗系数为各部门的能源消耗量与总产出的比值，这两部分数据分别来自WIOD网站中的能源卫星账户和国家的投入产出表。由于2012~2014年的能源消耗数据的缺失，本章采用当年单位GDP能源与前一年单位GDP能源消耗的比值作为调整系数，对每一个代表性国家2012年、2013年和2014年的全行业能源消耗系数作出延伸和补充，调整系数如表4-2所示。

表4-1　代表性国家和贸易对象的能源消耗调整系数

	国家或地区	2014 年	2013 年	2012 年	2011 年	2010 年
代表性国家	美国	0.9760	1.0269	0.8954	0.9425	0.9964
	俄罗斯	1.0847	0.9611	0.9366	0.7746	0.8331
	日本	1.0285	1.1738	0.9808	0.8979	0.9541
	欧盟（德）	0.9189	0.9694	1.0515	0.8695	1.0542
	印度	0.9740	1.0003	1.0727	0.9622	0.8364
贸易对象	北美	0.9760	1.0269	0.8954	0.9425	0.9964
	拉丁美洲	1.0343	1.0389	1.0806	0.8825	0.8311
	欧盟	0.9189	0.9694	1.0515	0.8695	1.0542
	俄罗斯	1.0847	0.9611	0.9366	0.7746	0.8331
	中国	0.9352	0.9467	0.9342	0.9105	0.9092
	亚洲发达国家	1.0285	1.1738	0.9808	0.8979	0.9541
	亚洲新兴国家	0.9740	1.0003	1.0727	0.9622	0.8364
	其他地区	1.0852	0.9883	0.8944	0.8584	0.8030

第二个调整为代表性国家进口侧的技术系数，即其贸易对象的技术系数。对代表性国家的贸易对象取并集，则主要可以划分为北美、拉丁美洲、欧盟、

表4-2 2010~2014年代表性国家的行业能源消耗系数（调整后）

编号	美国					俄罗斯					日本					欧盟					印度				
	2010年	2011年	2012年	2013年	2014年	2010年	2011年	2012年	2013年	2014年	2010年	2011年	2012年	2013年	2014年	2010年	2011年	2012年	2013年	2014年	2010年	2011年	2012年	2013年	2014年
AtB	3.1	2.9	2.6	2.7	2.6	4.5	3.5	3.3	3.1	3.4	1.7	1.5	1.5	1.8	1.8	2.5	2.1	2.2	2.2	2.0	3.4	3.3	3.5	3.5	3.4
C	5.3	5.0	4.5	4.6	4.5	10.5	8.1	7.6	7.3	7.9	7.8	7.0	6.9	8.1	8.3	14.1	12.2	12.9	12.5	11.5	25.1	24.2	25.9	26.0	25.3
15t16	1.7	1.6	1.5	1.5	1.5	2.6	2.0	1.9	1.8	2.0	0.6	0.6	0.6	0.7	0.7	1.3	1.1	1.2	1.2	1.1	11.7	11.3	12.1	12.1	11.8
17t18	4.3	4.1	3.6	3.7	3.6	4.7	3.6	3.4	3.3	3.5	0.8	0.7	0.7	0.8	0.9	0.9	0.8	0.8	0.8	0.7	3.8	3.6	3.9	3.9	3.8
19	1.3	1.2	1.1	1.1	1.1	3.6	2.8	2.6	2.5	2.7	0.5	0.5	0.4	0.5	0.5	0.5	0.5	0.5	0.5	0.4	3.2	3.1	3.3	3.3	3.2
20	7.2	6.8	6.1	6.2	6.1	7.7	5.9	5.6	5.3	5.8	1.9	1.7	1.6	2.0	2.0	3.3	2.9	3.0	2.9	2.7	15.3	14.7	15.8	15.8	15.4
21t22	5.3	5.0	4.5	4.6	4.5	11.8	9.2	8.6	8.2	8.9	2.8	2.5	2.5	2.9	3.0	3.0	2.6	2.7	2.6	2.4	6.7	6.5	6.9	6.9	6.8
23	81.7	77.0	68.9	70.8	69.1	82.5	63.9	59.9	57.5	62.4	51.8	46.5	45.6	53.6	55.1	69.3	60.3	63.4	61.4	56.5	66.9	64.3	69.0	69.0	67.2
24	11.1	10.4	9.3	9.6	9.4	69.4	53.7	50.3	48.4	52.5	9.0	8.1	7.9	9.3	9.6	8.4	7.3	7.7	7.5	6.9	14.6	14.0	15.0	15.0	14.7
25	0.7	0.6	0.6	0.6	0.6	2.1	1.6	1.5	1.5	1.6	0.3	0.3	0.3	0.4	0.4	1.2	1.1	1.1	1.1	1.0	2.7	2.6	2.8	2.8	2.7
26	11.1	10.5	9.4	9.7	9.4	21.6	16.8	15.7	15.1	16.4	5.7	5.1	5.0	5.9	6.1	6.3	5.5	5.8	5.6	5.1	14.8	14.2	15.3	15.3	14.9
27t28	4.3	4.1	3.7	3.8	3.7	26.7	20.7	19.4	18.6	20.2	4.1	3.7	3.6	4.2	4.3	3.2	2.8	2.9	2.8	2.6	10.8	10.4	11.1	11.1	10.8
29	1.4	1.3	1.2	1.2	1.2	3.1	2.4	2.2	2.1	2.3	0.4	0.4	0.4	0.4	0.4	0.3	0.3	0.3	0.3	0.3	1.8	1.7	1.8	1.8	1.8
30t33	0.6	0.5	0.5	0.5	0.5	1.9	1.5	1.4	1.3	1.4	0.5	0.5	0.4	0.5	0.6	0.3	0.3	0.3	0.3	0.3	1.2	1.2	1.2	1.3	1.2
34t35	0.9	0.8	0.7	0.8	0.7	3.6	2.8	2.6	2.5	2.8	0.2	0.2	0.2	0.2	0.2	0.4	0.3	0.3	0.3	0.3	2.4	2.3	2.5	2.5	2.4
36t37	0.5	0.5	0.4	0.4	0.4	2.2	1.7	1.6	1.5	1.6	1.0	0.9	0.9	1.0	1.1	1.3	1.1	1.1	1.1	1.0	0.3	0.3	0.3	0.3	0.3
E	99.8	94.1	84.3	86.5	84.5	112.3	87.0	81.5	78.3	85.0	31.7	28.4	27.9	32.7	33.7	35.2	30.6	32.2	31.2	28.7	139.1	133.8	143.6	143.6	139.9
F	1.7	1.6	1.4	1.5	1.4	2.1	1.6	1.5	1.5	1.6	0.7	0.6	0.6	0.7	0.8	0.7	0.6	0.7	0.6	0.6	2.2	2.1	2.3	2.3	2.2

续表

编号	美国 2010年	美国 2011年	美国 2012年	美国 2013年	美国 2014年	俄罗斯 2010年	俄罗斯 2011年	俄罗斯 2012年	俄罗斯 2013年	俄罗斯 2014年	日本 2010年	日本 2011年	日本 2012年	日本 2013年	日本 2014年	欧盟 2010年	欧盟 2011年	欧盟 2012年	欧盟 2013年	欧盟 2014年	印度 2010年	印度 2011年	印度 2012年	印度 2013年	印度 2014年
50	0.7	0.7	0.6	0.6	0.6	1.1	0.9	0.8	0.8	0.9	0.4	0.4	0.4	0.5	0.5	0.8	0.7	0.8	0.8	0.7	0.5	0.4	0.5	0.5	0.5
51	0.6	0.6	0.5	0.5	0.5	1.1	0.9	0.8	0.8	0.8	0.5	0.4	0.4	0.5	0.5	0.5	0.5	0.5	0.5	0.4	0.2	0.2	0.2	0.2	0.2
52	1.4	1.3	1.2	1.2	1.2	1.0	0.8	0.7	0.7	0.8	1.5	1.3	1.3	1.5	1.6	1.2	1.0	1.1	1.0	1.0	0.4	0.4	0.4	0.4	0.4
H	2.2	2.1	1.9	1.9	1.9	3.6	2.8	2.6	2.5	2.8	1.1	1.0	1.0	1.2	1.2	1.3	1.1	1.2	1.1	1.0	9.2	8.8	9.5	9.5	9.2
60	8.7	8.2	7.3	7.5	7.3	15.8	12.2	11.4	11.0	11.9	2.5	2.2	2.2	2.6	2.6	2.3	2.0	2.1	2.1	1.9	2.2	2.1	2.3	2.3	2.2
61	23.6	22.2	19.9	20.5	20.0	32.7	25.3	23.7	22.8	24.7	14.2	12.7	12.5	14.6	15.1	1.3	1.1	1.2	1.1	1.0	19.4	18.6	20.0	20.0	19.5
62	17.1	16.1	14.4	14.8	14.4	20.8	16.1	15.1	14.5	15.7	8.2	7.4	7.2	8.5	8.7	13.5	11.7	12.3	12.0	11.0	9.6	9.3	10.0	10.0	9.7
63	4.4	4.2	3.7	3.8	3.7	3.3	2.5	2.4	2.3	2.5	0.9	0.8	0.8	1.0	1.0	1.2	1.1	1.1	1.1	1.0	6.5	6.3	6.7	6.7	6.6
64	1.1	1.1	1.0	1.0	1.0	1.3	1.0	1.0	0.9	1.0	0.4	0.4	0.4	0.4	0.4	0.9	0.8	0.8	0.8	0.7	2.7	2.6	2.8	2.8	2.8
J	0.3	0.3	0.3	0.3	0.3	0.9	0.7	0.7	0.6	0.7	0.2	0.2	0.2	0.2	0.2	0.2	0.2	0.1	0.1	0.1	0.4	0.3	0.4	0.4	0.4
70	0.3	0.3	0.3	0.3	0.3	3.1	2.4	2.2	2.2	2.3	0.1	0.1	0.1	0.1	0.1	0.1	0.1	0.1	0.1	0.1	0.0	0.0	0.0	0.0	0.0
71t74	0.7	0.7	0.6	0.6	0.6	0.8	0.6	0.6	0.5	0.6	0.5	0.4	0.4	0.5	0.5	0.4	0.4	0.4	0.4	0.3	0.7	0.6	0.7	0.7	0.7
L	1.9	1.8	1.6	1.6	1.6	1.6	1.3	1.2	1.1	1.2	0.9	0.8	0.8	0.9	1.0	0.5	0.4	0.5	0.4	0.4	0.1	0.1	0.1	0.1	0.1
M	2.7	2.5	2.3	2.3	2.3	1.6	1.3	1.2	1.1	1.2	0.6	0.6	0.6	0.7	0.7	0.7	0.6	0.6	0.6	0.6	0.4	0.4	0.4	0.4	0.4
N	1.1	1.0	0.9	0.9	0.9	1.3	1.0	0.9	0.9	1.0	0.6	0.6	0.6	0.7	0.7	0.6	0.5	0.5	0.5	0.5	0.3	0.3	0.3	0.3	0.3
O	1.1	1.0	0.9	0.9	0.9	8.3	6.4	6.0	5.8	6.3	1.0	0.9	0.8	1.0	1.0	0.8	0.7	0.8	0.7	0.7	0.9	0.8	0.9	0.9	0.9
P	0.0	0.0	0.0	0.0	0.0	0.0	0.0	0.0	0.0	0.0	0.0	0.0	0.0	0.0	0.0	0.0	0.0	0.0	0.0	0.0	0.0	0.0	0.0	0.0	0.0

资料来源：根据 WIOD 网站的国家投入产出表和环境账户（能源），以及各国统计年鉴相关数据计算。

俄罗斯、中国、亚洲发达地区、亚洲新兴地区、其他地区，并根据其中国家或地区的经济规模和能源规模，从中分别选出美国、巴西、德国、俄罗斯、中国、日本、印度、澳大利亚作为其贸易对象的基准国家，计算基准国的技术系数，作为其所处区域的共用技术系数。技术系数包括能源消耗系数和投入产出系数和列昂惕夫逆矩阵（即完全需求系数矩阵），前者采用和代表性国家一样的计算方法和延伸方法（调整系数见表4-2），贸易对象的列昂惕夫逆矩阵则由代表性国家的矩阵做替代。

但是，所有技术系数的计算与延伸都建立在国家投入产出表调整的基础上，这种调整主要源于 WIOD 网站统计全球所有国家投入产出数据的口径发生了变化，从之前的 35 个行业扩展到当前的 56 个行业，因此对于代表性国家和贸易对象国家 2012~2015 年的投入产出表，根据上一章对中国投入产出表的调整方法进行前后统计口径的统一。此外，还要对计算结果的单位进行国内外的统一，将 WIOD 网站的"万亿焦耳"（TJ）单位转化为国内常用的"标准煤"单位，换算方法与第三章完全一致，即"1TJ = 238.8Gcal"，同时"1 千克标准煤 = 7000kcal"。

第二节　代表性国家和地区的隐含能源测算

在第三章，本书分析了中国隐含能源的规模和流动情况，并通过历史纵观比较和行业横向比较的方法对隐含能源进行了分析。而本章采用相同的方法测算世界主要国家的隐含能源，通过分析美国、俄罗斯、欧盟、日本、印度这五个代表性国家和地区的隐含能源，既可以与中国隐含能源情况形成国际横向对照，又可以为中国能源和隐含能源的未来发展提供具有参考性的经验。

一、代表性国家和地区隐含能源规模

本章以代表性国家为对象，前面从其能源生产与能源消费之间的失衡得出能源贸易成为当前能源在全球再分配的重要方式这一结论，能源贸易规模也在国际贸易中占据不容小觑的份额，但是由于全球化加剧和世界市场的建立，商品和服务贸易的丰富与多样化，越来越多的能源隐藏其中，因此国际贸易中隐含能源的分析就应运而生，也尤为重要。本节从隐含能源的流入规模和流出规模两部分进行总体描述与分析。

1. 隐含能源的流入规模

根据对流入美国、俄罗斯、日本、欧盟和印度等代表性国家和地区的隐含能源规模的计算，可以发现处于不同发展水平的国家，在隐含能源流入方面存在明显的特点和区别。对比分析 2000～2014 年流入的隐含能源总体规模，发达国家和地区的规模明显大于发展中国家，每年流入欧盟的隐含能源规模在 10 亿吨标准煤以上，流入美国的隐含能源规模在 8 亿吨标准煤以上，而流入日本的隐含能源规模虽然不足 4 亿吨标准煤，总规模与欧盟、美国存在差距，但是对应其经济体量，也是相对庞大的；而印度作为发展迅猛的发展中国家和国际贸易市场的重要参与者，加之其巨大的人口总量，进入 21 世纪后虽然其进口中隐含的能源流实现了扩大，但是总规模仍没有突破 1.5 亿吨标准煤，而流入俄罗斯的隐含能源规模更为有限，不足 1 亿吨标准煤（见表 4-3），是所有代表性国家和地区中最低的。结合流入中国隐含能源的规模，可以说尽管中国和印度等发展中国家在十几年间处于经济快速增长、经济规模不断扩大的阶段，俄罗斯也在积极加入世界市场、成为国际化中的关键一环，但是流入俄罗斯的隐含能源，在规模或者强度上仍小于发展速度放缓的发达国家。

表 4-3　2000~2014 年流入代表性国家和地区的隐含能源

单位：亿吨标准煤

年份	欧盟	美国	日本	印度	俄罗斯
2000	11.6161	8.9110	3.6502	0.6771	0.2845
2001	11.1928	8.8895	3.4165	0.6822	0.3355
2002	10.7754	8.7100	3.1542	0.7643	0.3578
2003	11.5611	8.8530	3.3021	0.7710	0.3741
2004	11.8235	9.3974	3.3740	0.8520	0.3825
2005	12.5880	10.1224	3.5669	0.9884	0.4582
2006	13.1170	10.3611	3.7046	1.1613	0.5557
2007	13.6328	10.0539	3.5210	1.3149	0.6806
2008	13.9612	9.6614	3.8259	1.2350	0.7830
2009	11.3742	7.6451	2.9531	1.0570	0.6153
2010	12.2607	8.6601	3.4195	1.1313	0.7749
2011	12.7272	9.0100	3.9013	1.2109	0.8969
2012	11.8504	8.4348	3.6230	1.3401	0.9162
2013	12.1783	8.4072	3.4370	1.2542	0.9663
2014	12.1073	8.5436	3.5515	1.2927	0.8848

　　尽管这些代表性国家在很多方面存在差异，但是在流入的隐含能源方面却存在一个共同的变化和趋势，出现这个变化的节点开始于 2008 年最先在美国爆发的次贷危机或金融危机，而且危机迅速蔓延至实体经济，并在部分国家引发国家信用危机，危机的波及面积很广以及对行业发展影响的深远造成全球经济恢复困难。金融危机的冲击表现在数据上，就是流入美国和印度的隐含能源在 2008 年出现了规模收缩，而流入欧盟、日本和俄罗斯的隐含能源则在 2009 年出现收缩，而且这种规模的被动收缩很难在后金融危机时期得到迅速且有效的恢复，直到 2014 年隐含能源的进口规模都没有实现危机前的水平。金融危机或者说是经济危机对隐含能源流入的影响是多重性的：一方面是对进口规模的冲击，危机后的经济低迷导致整个国家购买实力和购买欲望

降低，表现在进出口贸易中就是进口实力和规模的收缩。另一方面是对国家经济发展规划和步骤的冲击：一种是类似于欧盟，疲于应付危机带来的经济发展冲击，正常的发展被打断，甚至出现发展的倒退；另一种是美国，金融危机使得实体经济的重要作用得到重视，实行"再工业化"和"去空心化"，真正实现发展路径的转移，但转移的成功源于美国雄厚的经济基础、独一无二的市场地位、美元的支持等多方的支持，这种成功是不可复制的。

还有一种是以俄罗斯、印度为代表的发展中国家，但是两国在金融危机后的表现又有所不同。印度和中国的情况类似，金融危机的爆发冷却了经济发展的狂热，国家经济受到考验的同时，也使得被经济快速增长掩藏的发展问题得以暴露，国家经济发展进入在稳定中解决问题的阶段，不管是由于经济疲软、国内工业发展还是发展问题的解决，都难以避免地出现减少对产品或服务的进口的局面。而在金融危机后，俄罗斯虽然经历了短暂的隐含能源流入规模的下降，但是很快就得到了恢复，并迅速赶上和超过危机前的水平，这与俄罗斯以重工业为主、轻工业欠缺的工业结构有着密切的关系，而且相对于中国和印度来说，俄罗斯受到国际市场桎梏和危机波及的效应有限。

2. 隐含能源的流出规模

在隐含能源流出方面，代表性国家也表现出不同的趋势和特点。从总体规模上看，欧盟、美国和俄罗斯都是隐含能源流出规模较大的国家或地区，而且 14 年间的平均流出规模全在 5.6 亿吨标准煤以上；受限于经济规模，日本的隐含能源流出规模小于其他发达国家，14 年间的平均规模也有 1.87 亿吨标准煤；而具有代表性的发展中国家——印度的隐含能源规模从 2000 年的 1.21 亿吨标准煤增长到 2014 年的 2.90 亿吨标准煤，期间还曾突破 3 亿吨标准煤，尽管增长迅速，但是平均下来，其年均流出规模为 1.87 亿吨标准煤，仍低于同期的所有发达国家。能源的出口与进口，和国家或地区的资源丰富程度是关系紧密的，但是隐含能源的流出却并不完全受限于本国的能源存量，从前探明储量的分析可知，中南美洲、北美和欧洲及欧亚大陆是除中东外石油探明储量最为丰富的三个地区，欧洲及欧亚地区、亚太地区和北美洲是煤炭探明储量最为丰富的三个地区，俄罗斯、欧盟和美国确实属于能源探明储量丰富的地区，日本和印度并不是能源丰富地区，但是日本仍然是隐含能源流出规模突出的国家，而印度的流出规模则持续扩大，相较于显性的能源出口，能源稀缺度对出口中隐藏能源的流出影响是相对较弱的。

同样地，代表性国家和地区的隐含能源流出也受到2008年金融危机的影响及后续的持续波及，而对每一个国家或地区的影响效应却呈现出各自特点。欧盟与日本流出的隐含能源于2009年出现下降，并迅速在2010年开始恢复，但是直到2014年却都没有恢复到危机前的流出规模；俄罗斯的隐含能源流出规模在危机前就处于波动的状态，虽然金融危机使得2009年的流出规模出现下降，但是之后恢复到危机前波动的状态；而美国和印度同样受到金融危机的冲击，隐含能源的流出规模在2009年呈现出不同程度的收缩，但是危机后的规模却大于危机前（见表4-4）。

表4-4　2000~2014年代表性国家和地区流出的隐含能源

单位：亿吨标准煤

年份	欧盟	美国	日本	印度	俄罗斯
2000	4.2533	5.2505	1.6899	1.2093	6.5686
2001	4.4090	4.8958	1.6886	1.1811	5.7510
2002	4.6312	4.6882	1.8270	1.2401	5.7583
2003	4.7988	4.7518	1.8839	1.2189	5.8403
2004	5.2171	4.9882	2.0803	1.4400	5.6342
2005	5.4230	5.0890	2.2054	1.5382	5.7550
2006	5.7551	5.3074	2.4043	1.7900	5.9406
2007	5.8410	6.0239	2.6389	1.8359	5.2410
2008	6.2410	6.2688	2.6016	1.9547	5.4638

年份	欧盟	美国	日本	印度	俄罗斯
2009	5. 2512	5. 3987	2. 1100	1. 7829	5. 0194
2010	6. 5488	6. 8165	2. 5871	2. 0785	5. 5000
2011	6. 5128	7. 8423	2. 4752	2. 1840	5. 7291
2012	7. 2021	7. 3778	2. 1292	2. 7278	5. 3419
2013	6. 5970	7. 8541	2. 3049	3. 0229	5. 2563
2014	5. 9866	7. 7402	2. 3917	2. 8959	5. 5495

3. 隐含能源的净流出

　　结合之前代表性国家和地区隐含能源流出和流入规模，计算两者之间的差值，得出隐含能源的净流出，进一步厘清国际贸易中的隐含能源流动的总体情况。根据净流出的特点，可以将代表性国家和地区分为两大类：第一类是隐含能源净流入（负的隐含能源净流出）国家或地区，即隐含能源的流入规模大于流出规模，包括欧盟、美国和日本，全部为发达国家和地区；第二类是隐含能源净流出国家或地区，即隐含能源的流出规模大于流入规模，包括俄罗斯、印度以及中国，全部为发展中国家。尽管是代表性国家，但是可以大致反映出在隐含能源净流出上，发达国家和发展中国家表现的差异。

　　不管是隐含能源的流入还是隐含能源的流出，2000~2014 年其变化趋势都带有明显的金融危机的色彩，而隐含能源净流入和净流出的规模趋势也在金融危机前后发生了微妙的变化。具体分析来看，俄罗斯隐含能源的净流出规模在 2000~2014 年有两个变化的时间节点：一个是 2001 年，净流出规模从 6. 28 亿吨标准煤减少到 5. 42 亿吨标准煤；另一个是 2007 年，之前的净流出规模稳定在 5. 4 亿吨标准煤，之后的净流出规模则稳定在 4. 6 亿吨标准煤，即先于金融危机就出现规模水平的急剧变化。印度的隐含能源净流出规模呈现出总体增长的趋势，从 2000 年的 0. 53 亿吨标准煤增长到 2014 年的 1. 60 亿吨标准煤，而且在后金融危机时期，这种增长速度更为强劲。美国的隐含能源净流入规模可以划分为两个阶段，第一个阶段是 2000~2006 年，净流入规模从 3.66 亿吨标准煤扩大到 5.05 亿吨标准煤；第二个阶段是 2006~2014 年，净流入规模从 5.05 亿吨标准煤收缩到 0.8 亿吨标准煤，金融危机爆发前的 2007 年是总趋势出现逆转的关键节点。日本隐含能源净流入规模也大体呈现出两个阶段，第一个阶段是 2000~2010 年，表现出总体缩小的趋势，从 1.96 亿吨标准煤减少到 0.83 亿吨标准煤，而从 2011 年进入第二个阶段，净流入规模出现扩大的势头，到 2014 年扩大到 1.16 亿吨标准煤。金融危机前后，欧盟的隐含能源净流入规模都处于波动的状态中，但是危机后的规模水平低于危机前，即危机前净流入规模大致处于 6 亿吨标准煤和 8 亿吨标准煤之间，在危机后则在 6 亿吨标准煤附近波动（见图 4-1）。

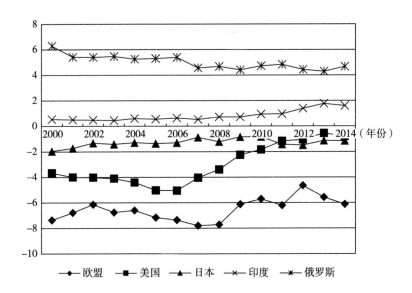

图 4-1　2000~2014 年代表性国家和地区的

隐含能源净流出规模（单位：亿吨标准煤）

总结起来，相较于 2000 年，美国、日本和欧盟的隐含能源净流入规模有不同程度的缩小，俄罗斯隐含能源净流出规模也有所缩小，而只有印度的隐含能源净流出规模有所扩大。而且期间，隐含能源净流出规模趋势都出现了明显的变化，但是美国和俄罗斯出现在金融危机前的 2007 年，而印度、日本和欧盟则出现在金融危机后的几年。

二、代表性国家和地区隐含能源的行业分析

在从流入规模、流出规模和净流出规模以及变化趋势描述代表性国家和地区的隐含能源情况后，本章再立足行业分类，从三次行业分类和 35 个国际贸易统计部门分类，来深化描述隐含能源的行业表现。接下来，本章以 2014 年的行业部门数据为例，对各行业部门的隐含能源进行分析。

1. 隐含能源在三次行业中的分布

从 2014 年欧盟三次产业的数据来看，不管是流入规模、流出规模还是净流出规模，按照规模大小依次都为第二产业、第三产业和第一产业，流入规模分别为 9.91 亿吨标准煤、2.02 亿吨标准煤和 0.17 亿吨标准煤，流出规模分别为 4.83 亿吨标准煤、1.11 亿吨标准煤和 0.05 亿吨标准煤，而净流入规模（即流入规模与流出规模的差值，净流出规模的负值）依次为 5.09 亿吨标准煤、0.91 亿吨标准煤和 0.12 亿吨标准煤（见表 4-5），占据的份额分别为 83.11%、14.91%、1.98%。可见，欧盟的三大行业都是隐含能源净流入行业，也就是说通过商品和服务的进出口贸易，获得了更多的能源使用权；而且工业是隐含能源流动的重点行业，也是需要获得更多能源投入的重点行业。

表 4-5　2014 年代表性国家和地区三次产业的能源流动

单位：亿吨标准煤

流向	欧盟		
	流入	流出	净流出
第一产业	0.1745	0.0533	-0.1212
第二产业	9.9126	4.8258	-5.0867
第三产业	2.0202	1.1074	-0.9128

续表

	美国		
流向	流入	流出	净流出
第一产业	0.1284	0.1887	0.0603
第二产业	7.8098	5.9446	-1.8652
第三产业	0.6054	1.6068	1.0015
	日本		
流向	流入	流出	净流出
第一产业	0.0609	0.0019	-0.0590
第二产业	3.2194	2.0380	-1.1814
第三产业	0.2712	0.3518	0.0807
	印度		
流向	流入	流出	净流出
第一产业	0.0129	0.0375	0.0246
第二产业	1.2130	2.6002	1.3872
第三产业	0.0669	0.2581	0.1913
	俄罗斯		
流向	流入	流出	净流出
第一产业	0.0482	0.0472	-0.0010
第二产业	0.7970	4.3696	3.5725
第三产业	0.0395	1.1328	1.0933

从 2014 年的流动规模来看，美国隐含能源流入、流出和净流出的规模按照数据绝对值大小对三次产业排序，依次仍为第二产业、第三产业和第一产业，流入规模分别为 7.81 亿吨标准煤、0.61 亿吨标准煤和 0.13 亿吨标准煤，流出规模分别为 5.94 亿吨标准煤、1.61 亿吨标准煤和 0.19 亿吨标准煤，而净流出规模分别为 -1.87 亿吨标准煤、1.00 亿吨标准煤和 0.06 亿吨标准煤。截至 2014 年，只有第二产业即工业是美国唯一的隐含能源净流入行业，而农业、服务业则是隐含能源净流出行业，其在净流出规模中的占比分别为 64% 和 34%，这与美国大宗农产品出口国的国际市场地位是相匹配的，而且美国

向国际市场提供的服务内容丰富，且在市场中占据着难以撼动的份额。

2014 年日本的隐含能源流入、流出和净流出规模，按照三次产业数据绝对值的大小排序，依次为第二产业、第三产业和第一产业，流入规模分别为3.22 亿吨标准煤、0.27 亿吨标准煤和 0.06 亿吨标准煤，流出规模分别为2.04 亿吨标准煤、0.35 亿吨标准煤和 0.002 亿吨标准煤，而净流出规模则分别为−1.18 亿吨标准煤、−0.06 亿吨标准煤和 0.08 亿吨标准煤。到了后金融危机的 2014 年，农业和工业是隐含能源净流入的两大产业，其中工业占据了95% 以上的份额，而服务业是日本隐含能源净流出的唯一源头。

根据 2014 年的数据，第二产业、第三产业和第一产业同样也是印度隐含能源流入、流出和净流出的规模排序，其中三个行业隐含能源流入的规模依次为 1.21 亿吨标准煤、0.067 亿吨标准煤和 0.013 亿吨标准煤，流出规模依次为 2.60 亿吨标准煤、0.26 亿吨标准煤和 0.038 亿吨标准煤，净流出规模依次为 1.39 亿吨标准煤、0.19 亿吨标准煤和 0.025 亿吨标准煤。总体来看，当前的农业、工业和服务业全部都是印度隐含能源净流出的产业部门，而且工业占到了总净流出规模的 87%。

与前面的代表性国家或地区不同，2014 年俄罗斯隐含能源的流入、流出与净流出的三次产业排序并不一致：隐含能源的流入规模的三次产业排序，依次为第二产业、第一产业和第三产业，规模分别为 0.797 亿吨标准煤、0.048 亿吨标准煤和 0.040 亿吨标准煤；流出规模的三次产业排序依次为第二产业、第三产业和第一产业，规模分别为 4.37 亿吨标准煤、1.13 亿吨标准煤和 0.047 亿吨标准煤；净流出规模的三次产业排序依次为第二产业、第三产业和第一产业，规模分别为 3.57 亿吨标准煤、1.09 亿吨标准煤和−0.001 亿吨标准煤。可以发现，工业和服务业是俄罗斯隐含能源净流出最为重要的行业，几乎可以代表整个国家的隐含能源净流出情况，但是与日本情况类似，俄罗斯国内农产品的供给不足与国际市场的进口补充，导致农业是净流入行业，规模为 10 万吨标准煤。

2. 代表性产业的隐含能源流动

前面从三次行业的分类，对代表性国家和地区的隐含能源进行了初步细化的分析，这对理解隐含能源的基本构成具有重要意义，也为在此基础上进行行业发展规划的更新、设定提供了参考，以调整本国三次行业的能源使用现状，及对对外贸易中进出口产品结构进行调整。但是，出于节能减排、产业发展和贸易结构调整等目的，三次行业的分类已经不能满足要求，因此本章沿用 WIOD 网站使用的 35 个行业的部门分类，进一步细化描述行业的隐含能源情况。

欧盟隐含能源长期处于净流入的状态，接下来从 35 个行业部门细看隐含能源总规模在国家经济中的构成。从流出方向来看，2014 年 35 个行业中有 31 个行业为隐含能源净流入，4 个行业为隐含能源净流出，即绝大多数行业都处于与国家总体相类似的隐含能源状态，可见欧盟基本处于经济全面开放的状态，所有产业部类的产品都可以自由流入与流出。从具体产业部门来看，电气和光学设备、焦炭和精炼石油产品制造、基本金属制造、采矿和采石及电力、天然气和供水是隐含能源净流入规模最大的五个行业，合计流入规模为 3.43 亿吨标准煤，占到 31 个净流入行业总规模的半壁江山；而隐含能源净流出的行业为其他水上运输、汽车和摩托车外的批发贸易、汽车和摩托车外的零售贸易及金融中介，集中在批发零售、金融为主的服务业，而且可以发现，不管是流入方向还是流出方向，欧盟流动规模较大的隐含能源集中在大致相同的产业部门，由此可以推测欧盟以产业内贸易为主，即在同一产业部门，既向世界市场提供产品和服务，同时又需要进口产品和服务满足地区消费需求。

美国的隐含能源流动也长期处于净流入的状态，落实到 2014 年 35 个具体行业的情况，则有 20 个产业是隐含能源净流入，15 个产业是隐含能源净流出，在金融危机后，美国除了隐含能源净流入的总规模实现了收缩，还实现了多数行业净流入规模的收缩和净流入行业数目的减少。在净流入规模收缩的情况下，美国隐含能源净流入规模前五的产业有电气和光学设备、基本金属制造、采矿和采石、纺织品和纺织、化学品及化学制品制造，净流入规模合计为 2.41 亿吨标准煤，在 20 个净流入行业的总规模中占了近八成。另外，焦炭和精炼石油产品制造、其他内陆运输、其他航空运输、其他水上运输、汽车和摩托车外的批发贸易、邮电、农林牧渔业和金融中介等，是美国隐含能源流出和净流出规模突出的行业，主要集中在能源产品、运输、农产品和专业服务业。

长期以来，日本也是典型的隐含能源净流入国家，2014 年继续保持净流入状态，当年 35 个行业中有 26 个为隐含能源净流入，规模合计为 1.72 亿吨标准煤，还有 9 个行业为隐含能源净流入，规模合计为 0.56 亿吨标准煤。分开来看，采矿和采石、焦炭和精炼石油产品制造、电气和光学设备、纺织品和纺织及食品、饮料和烟草等，是隐含能源净流入规模前五的行业，规模合计达 1.43 亿吨标准煤，占到 26 个净流入行业总规模的八成以上，即日本隐含能源净流入主要集中在能源和资源类产品，这主要是由于其相对匮乏的资源禀赋。而隐含能源净流出规模表现突出的产业有运输设备、化学品及化学制品制造及其他水上运输，规模合计为 0.49 亿吨标准煤，在 9 个净流入行业总规模中占了近九成。可见，日本隐含能源净流动在行业分布上表现出显著集中的特点，净流入和净流出集中在某几个产业中。

作为经历经济快速增长期的发展中国家，印度长期都处于隐含能源净流出的状态，落实到 2014 年 35 个具体行业，其中有 23 个行业处于净流出的状态，12 个行业处于净流入的状态。具体来看，焦炭和精炼石油产品制造是印度净流出规模最大的产业，规模达 0.97 亿吨标准煤，占 23 个净流出行业总规模的一半左右，除此之外，纺织品和纺织、运输设备、并购中的租赁和其他商务活动及食品、饮料和烟草等也是隐含能源净流出的主要产业。同时，采矿和采石、电气和光学设备及电力、电气和供水等，是印度隐含能源净流入规模较大的产品部类，而且服务类产业是隐含能源净流入的重点。

俄罗斯既是发展中国家又是主要能源生产国，截止到2014年，其隐含能源长期处于净流出的状态，35个行业中有26个是隐含能源净流出，规模合计4.99亿吨标准煤，还有9个行业是净流入，规模合计为0.33亿吨标准煤。落实到具体产品，采矿和采石、焦炭和精炼石油产品制造、其他的内陆运输、基本金属制造、化学品及化学制品制造、汽车和摩托车外的批发贸易等，是隐含能源净流出规模较大的产业，规模合计4.72亿吨标准煤，在26个净流出行业中占据95%的份额；同期，纺织品和纺织、运输设备、皮革和相关产品制造、其他非金属矿物制品制造等，是隐含能源净流入的重点，可以看出主要集中在农业产品（见表4-6）。

表4-6　2014年代表性国家35个行业隐含能源的净流出规模及排序

单位：亿吨标准煤

行业	欧盟		美国		日本		印度		俄罗斯	
	规模	排序	规模	排序	规模	排序	规模	排序	规模	排序
农、牧、林、渔业	-0.1212	13	0.0603	29	-0.0001	26	0.0000	10	0.0157	22
采矿和采石	-0.6281	4	-0.4332	3	-0.0234	9	0.0383	28	0.0003	13
食品、饮料和烟草	-0.1461	12	0.0210	25	-0.0009	20	0.0125	21	0.0003	14
纺织品和纺织	-0.4044	6	-0.3276	4	-0.5095	2	0.9706	34	0.0166	23
皮革和相关产品制造	-0.0431	20	-0.0663	11	0.2099	35	0.0225	22	0.0001	12
木材、木材制品及软木制品的制造（家具除外）、草编制品及编织材料物品制造	-0.0084	27	-0.0278	13	-0.0590	6	0.1775	33	0.2759	29

行业	欧盟		美国		日本		印度		俄罗斯	
	规模	排序	规模	排序	规模	排序	规模	排序	规模	排序
纸浆，纸和纸板的制造	-0.0328	23	0.0120	24	-0.0016	18	0.0046	17	0.0362	26
焦炭和精炼石油产品制造	-0.7301	2	1.1900	35	0.1235	33	0.0008	12	-0.0313	4
化学品及化学制品制造	-0.3836	7	-0.1890	5	-0.0197	11	0.1143	32	0.0001	10
橡胶和塑料制品制造	-0.1149	15	-0.0892	9	-0.0210	10	-0.0129	3	0.5503	31
其他非金属矿物制品制造	-0.0486	19	-0.0773	10	0.0300	32	0.0013	14	0.0065	20
基本金属制造	-0.6454	3	-0.5677	2	-0.4116	3	0.0285	25	0.0007	15
机械设备除外的金属制品制造	-0.1756	10	-0.1127	8	-0.0051	17	0.0099	18	0.0017	16
电气和光学设备	-0.8516	1	-0.8886	1	-1.1598	1	1.6032	35	0.0138	21
运输设备	-0.1516	11	-0.1347	6	-0.1393	4	-0.1625	1	4.6648	35
其他制造业，机械和设备的修理	-0.1184	14	-0.1204	7	0.1583	34	0.0113	20	-0.0389	3
电力、天然气和供水	-0.5732	5	-0.0492	12	-0.1390	5	-0.0138	2	1.3557	33
建筑业	-0.0308	24	-0.0043	17	0.0035	30	0.0008	13	-0.0010	7
批发和零售业；汽车和摩托车修理	-0.0009	30	-0.0088	16	-0.0361	7	0.1015	29	0.0000	8
汽车和摩托车外的批发贸易	0.0091	33	0.1206	31	0.0001	28	-0.0019	6	-0.1796	1
汽车和摩托车外的零售贸易	0.0191	34	-0.0111	14	-0.0189	12	0.1061	30	0.0049	19
运输与存储	-0.0415	21	-0.0091	15	-0.0009	21	-0.0001	9	0.7169	32
其他的内陆运输	-0.2957	9	0.2675	34	0.0030	29	-0.0001	8	0.0017	17
其他水上运输	0.0861	35	0.1969	32	-0.0005	22	0.0030	16	0.0240	24

续表

行业	欧盟		美国		日本		印度		俄罗斯	
	规模	排序	规模	排序	规模	排序	规模	排序	规模	排序
其他航空运输	-0.1062	16	0.2378	33	0.0295	31	0.0000	11	-0.0685	2
其他支持和辅助运输活动；旅行社活动	-0.0741	17	0.0388	27	-0.0351	8	0.1088	31	0.0000	9
邮电	-0.0695	18	0.0855	30	-0.0004	23	-0.0067	4	1.3886	34
金融中介	0.0082	32	0.0409	28	-0.0003	24	0.0020	15	0.0029	18
房地产	-0.0126	26	0.0029	21	-0.0130	16	-0.0065	5	0.0533	27
并购中的租赁与其他商务活动	-0.3676	8	0.0063	22	-0.0001	25	-0.0013	7	0.4328	30
公共行政与国防；强制性社会保障；制度保障	-0.0265	25	0.0286	26	0.0000	27	0.0103	19	-0.0042	5
教育	-0.0026	28	0.0070	23	-0.0140	14	0.0341	27	0.0252	25
健康与社会工作	-0.0021	29	-0.0012	18	-0.0013	19	0.0267	24	-0.0034	6
其他社区、社会及个人服务	-0.0358	22	-0.0010	19	-0.0134	15	0.0330	26	0.0001	11
家庭作为雇主的；家庭自用、未加区分的物品生产和服务	-0.0001	31	0.0000	20	-0.0179	13	0.0246	23	0.0626	28

注：表格中按照隐含能源的净流出规模从小到大的顺序排列，序号即为"排序"标签下的内容。

第三节　代表性国家和地区的隐含能源分析

根据第二章全球能源的分布和能源类产品在国家间的贸易，以及各大区能源的实际生产与现实消费的历史变化，得出能源供需在全球范围内处于不均衡的状态，这种供需失衡状态的解决需要能源的再分配，表现在当前世界市场上就是能源的跨国、跨区流动。除了能源的进口与出口外，全球化的普及和世界市场的搭建，使得国际产品和服务的贸易呈现出丰富化、普遍化、紧密化等趋势，而产品生产和服务提供过程中需要不同规模的能源消耗，这就导致任何产品和服务的流动都相当于所携带能源的流动。因此，本节分析国际贸易中隐含能源的流动规模和方向，作为全球能源分析的重要补充，在描述代表性国家和地区隐含能源情况的基础上，进一步从其自身以及与中国的对比这两方面分析，借以窥探全球隐含能源流动的现状。

一、代表性国家和地区的隐含能源分析

本节选择欧盟、美国、日本、印度、俄罗斯，作为全球隐含能源流动的国家和地区的代表，根据第二节代表性国家和地区的隐含能源流动方向和规模，本节就金融危机前后两种经济形势和发展状态下，对全球隐含能源的历史变化和现状做出判断和分析。

首先，从隐含能源的规模数据来看，在分析和研究能源的时候，有必要将隐含能源加入分析框架中，而且随着全球化程度的加深，以及世界市场贸易合作的深入，隐含能源的全球流动就更为频繁，流动规模不容小觑，因此对隐含能源的分析就更有意义，它不仅仅是能源分析和能源问题解决的补充。在2000~2014年这一分析区间，除了俄罗斯隐含能源进出口总规模稳定在6亿吨标准煤到7亿吨标准煤范围，欧盟、美国、日本、印度的进出口总规模得到了显著扩大，全球隐含能源的流入规模已经超过了消费总规模的1/10，进一步佐证隐藏于贸易产品和服务内的能源已经成为国家和地区能源需求的重要来源，却因为依托形式的隐秘、规模的狭窄而被忽略。不夸张地说，不仅历史上发达国家的发展来自全球能源的掠夺，当前其发展状态的维持也离不开全球能源的供应，只是获得能源的方式由显性转变为隐性。

其次，工业化进程和经济发展水平不同的国家和地区，在隐含能源流动方向上是不同的，而且这种不同仍然存在，并在短时间内很难出现逆转。截止到 2014 年的代表性国家和地区的隐含能源计算结果，再次印证了 Anwar A. Gasim（2015）[①] 等之前的研究结论，即完成工业化的发达国家为隐含能源与隐含碳的净进口国家，而处于工业化进程中的发展中国家则为净出口国。而且发达国家净流入规模的扩大与发展中国家净流出规模的扩大是相对应的，工业化完成与推进工业化的时间差，使得发达国家倾向于将更多的产品生产和服务提供转移到发展中国家，这种转移必然会囊括更多的高能耗产品。

再次，某一国家或地区的隐含能源净流动方向，往往与区内多数产业的隐含能源净流动方向是一致的，并不是由某一个或某几个行业决定的；但与此同时，区内隐含能源的净流出规模的大小，则是受某些重点行业所影响的，即隐含能源净流动的规模在行业内具有较高的集中度。而且不管是净流入还是净流出，工业都是隐含能源流动最频繁、规模最大的产业，发达国家的隐含能源净流入集中在工业领域，而发展中国家的隐含能源净流出也集中在工业领域。具体到细化产品，高能耗产品是隐含能源净流入和净流出的共同重点，除此之外，国家或地区难以充分满足市场需要的产品是其隐含能源净流入的另一个重点，同时初级产品或以初级产品为生产投入的产品也是国家和地区隐含能源净流出的另一个重点。

而且，隐含能源的流动必须依托于进出口贸易，因此金融危机对全球隐含能源的流动产生了深远的影响。金融危机后，绝大多数国家疲于应付危机带来的连锁反应，这其中就包含国际贸易部分，表现在欧盟、日本、俄罗斯等国家或地区就是，隐含能源处于波动的状态，截至 2014 年都没有形成显著的未来发展趋势。但是美国和印度在危机后呈现出稳定的调整态势，这取决于这两个国家的独特性：次贷危机引发美国对实体经济空心化的重视，适时

---

① Anwar A. Gasim. The Embodied Energy in Trade：What Role Does Spoecialization Play？［J］. Energy Policy，2015（86）：186-197.

推出"再工业化"政策并坚定实施,这个政策的贯彻离不开美国坚实的工业基础以及美国在国际市场中的独特地位等因素,这就形成了危机后美国隐含能源净流入规模持续收缩的现实;而危机后的印度卢比贬值,政府继续实行强势的经济发展策略,大量吸引国外资本,补贴出口,鼓励产业出口创汇等,特别是在中国提升产业机构的契机下,印度成为全球资本和生产力的庇护所,这必然带来隐含能源净流出规模的继续攀升。

最后,服务业已经突破低能耗、低污染的传统判断,成为继工业之后的另一个隐含能源流动频繁的产业,而且 WIOD 网站也将各个国家的投入产出表由最初的 35×35 行业框架更新为 56×56 行业框架,产业部门的扩增也主要集中在服务业。根据工业化进程中"先污染后治理"的发展歧路,服务行业的发展需要提前做好发展规划,避免出现资源浪费与环境污染等问题。

二、与中国隐含能源情况的对比分析

对代表性国家隐含能源的分析,可以与中国的隐含能源情况形成鲜明的对比,有利于深入第三章对中国隐含能源的分析。

首先,中国和印度面临同样的不平等的发展地位和国际贸易地位,而且这种失衡状态的存在更为隐蔽。对于国际贸易,中国早期出口结构是以初级产品为主、以粗放型为主,很明显这是一种低附加值、以资源赚取外汇的方式,处于贸易产业链的底端,因此中国有目的地推进工业化进程以改变在国际市场中不平等的位置。同样地,如果使用隐含能源这一概念来判断中国、印度等发展中国家的地位,他们仍处于以能源消费和环境污染为代价来向世界发达国家提供产品的不平等地位,而且这种不平等更为隐蔽,被隐藏在大规模、频繁的国家间贸易和产业内贸易之下。由此可以判断,中国、印度等发展中国家的贸易地位并没有发生本质上的改变,而是从显性转变为隐性。

其次,中国凭借金融危机的契机,以降低经济增速为代价实现产业结构的调整与完善，最终必然会带来能源消耗的降低和隐含能源净流出现状的改善，但是这种调整却面临着多重冲击。第一个冲击来自美国发展策略的变化和其他发达国家的潜在挑战，金融危机后美国重新将工业发展纳入国家策略，这带来美国出口结构向工业领域的侧重，这必然会形成对中国工业出口结构的上部挤压，而且随着经济的逐渐恢复，其他老牌工业国家也有可能会实行与美国类似的发展策略；同时，印度实行与中国截然相反的危机后发展策略，进一步加强危机前的经济快速增长和鼓励出口的发展方向，呈现出取代中国成为世界经济增长潜力的趋势，而且印度的工业发展失衡、工业化程度低于中国，这必然带来对中国出口结构的底部挤压。因此，中国产业结构调整与出口结构优化，既要应对国内经济压力，又面临国际市场的竞争，危机后的双重压力给中国继续发展带来考验。

最后，在生态破坏、环境污染成为世界发展重要议题之一的背景下，如何划定环境保护责任？在市场经济中采取何种手段实现能耗降低、污染减少？如何确定碳交易权的初始分配？由此可见，节能减排工作涉及的一个重点就是权责在全球的划分。根据隐含能源的分析，产业链的全球布局使得产品生产的中间环节与最终消费在地域上是分隔的，而且从事中间生产的国家和地区承担着能源消耗和污染排放的代价，而最终消费的国家和地区却并未为环境外部性进行支付。因此，立足于隐含能源，国家的环保责任应该从生产方责任转移到消费者责任，或者应将消费者责任纳入全球环保权责分配中。

本章小结

本章延续第三章对中国隐含能源的分析，将分析范围和框架扩展到世界市场，并选择欧盟、美国、日本、印度和俄罗斯作为代表性国家和地区进行能源分布和隐含能源流动的深入分析。一个国家和地区的能源储藏情况大致决定了其所能生产的能源产品和能源结构，具有很强的地域性；而且不同地区的能源生产规模和实际消费规模存在着不同程度的差额，即能源分配处于非平衡的状态，这就需要国际贸易实现能源在全球范围内的再分配；能源再分配的内涵已经不能仅局限于石油、原煤等能源产品的进出口，所有的商品生产和服务提供都需要能源提供动力来源，因此还要将隐藏在进出口贸易中的中间能源投入纳入能源分析。通过代表性国家和地区的隐含能源分析，以及与第三章中国隐含能源分析的对比，可以得到以下结论：以欧盟、美国为代表的发达国家和地区长期以来处于隐含能源的净流入状态，而以印度、中国为代表的发展中国家长期处于隐含能源的净流出状态，但是足够丰富的能源储量和生产能力会逆转这种状态，如俄罗斯；工业是隐含能源流动规模最大、最频繁的领域，其次是服务业，其中高能耗产品是流动的重心；金融危机的爆发和后续波及极大地影响了国际贸易，对隐含能源的流动和规模造成冲击，而危机后国家和地区不同的发展状态，则取决于其自身经济实力、发展战略等因素；根据隐含能源的分析，中国利用金融危机的契机调整产业结构和出口结构是明智的，但是却受到美国和印度等国家的上、下夹击；隐含能源概念的引入，以及截至目前庞大的流动规模，使得将其纳入节能减排分析框架是十分必要的，并更加倾向使用"消费者责任"来划分国际环保权责。

第五章　隐含能源出口的影响因素分析

第三章详细刻画了中国隐含能源在所有产业、各个经济体之间的流动，在总趋势相对稳定的情况下，在不同阶段也展现出一些新的变化，特别是在中国经济高速增长阶段过后、金融危机爆发、全球经济恢复缓慢等国内外新形势都对隐含能源产生了一定影响。对应地，第四章描述了欧盟、美国、日本、印度和俄罗斯等国家和地区隐含能源的流动情况，作为世界隐含能源流动的代表，其工业结构、经济增速、国家贸易规模等也影响着隐含能源的流动方向和流动规模，但是影响效应尚不明确。因此，本章就用技术手段来印证不同影响因素对中国以及其他国家和地区隐含能源造成的影响，以及这些因素的影响效应。除了分析原因外，影响因素效应的确定，以及与其他国家的对比分析，可以从隐含能源角度找到中国减少能源消耗、降低污染物排放的思考切入点和解决路径，并分析中国外贸结构调整的方向与困难。

第一节　隐含能源的影响因素

一、能源消耗的影响因素

隐含能源是立足能源消费角度提出的能源概念，影响因素的探索和分析与能源消费存在着相同或类似的基础，而相较于隐含能源影响因素分析的相对有限，能源消费等相关问题的研究则非常丰富，因此本章在分析隐含能源的影响因素之前，有必要对能源消费的影响因素进行简单的梳理，为之后隐含能源的分析提供参考和借鉴。

自工业化以来，能源已经成为工业生产最为重要的生产要素投入，也是与居民生活密切相关的能量来源，而近些年，能源稀缺和生态环境的破坏及节能减排问题的紧迫使得能源问题再次被放到重要的地位，而解决能源问题的切入点就是分析能源消耗的影响因素。国内外对能源消耗影响因素的探索，虽然在因素种类、影响程度、分析方法等方面存在差别，但是总体方向却是大体一致的，本节不做细致总结，而是选择几种代表性分析做介绍。自 20 世纪 70 年代中期开始，能源强度的变化就成为美国能源研究的主题，随着减少碳排放成为美国应对气候变化国家的战略之一，Gilbert E. Metcalf（2006）就从能源消耗强度进步入手寻找节能减排的突破口，接受经济活动造成假设能耗强度和实际能耗强度之间差异的论述，由此选择采用指数理论，构建拉氏分解方法（Laspeyres and Paasche Coposition）和效率指数，将能源强度分解为能源效率和经济活动变化两个重要部分，其在 2001 年能耗强度变化中的影响效应分别为 64%、36%，并对能源价格、收入、资本回报和气候变化等因素进行回归分析，指出资本回报在能源强度进步中发挥了关键性作用。张炎治（2010）将中国能源强度的演变总结为三个倒"U"型，先重点对产业结构、技术进步、投资等对能源强度演变的影响进行单因素静态分析，随后采用 SDA 框架分析能耗效率、能源生产技术、能源效率技术、消费、投资、出口、进口、需求结构、其他等因素对能源强度的影响，该分析基本囊括了能源消费各方面的影响因素。

类似的分析还有很多，国内外研究者或者重点分析单一要素对能源消耗的影响，或者分析多因素的影响效应，研究使用的方法大多集中在回归分析、结构分析、指数分析等方法。例如，李洁、王波和彭定洪（2014）先用 LM-DI 方法实现了能源强度影响因素的分解，随后利用面板数据定量验证了需求结构、消费结构、产业结构等经济结构与能源强度之间的关系；张瑞（2011）在博士论文中探讨中国能源效率的影响因素，先分析了能源消费与经济增长之间互为因果的关系，并分别分析了产业结构、能源消费结构、工业化进程对能源消费的影响；郑义（2014）在分析能源消费与经济增长之间的关系时，采用回归模型分析了能源效率的影响因素，得出能源消费是经济产出、能源规制及技术革新的函数；尚红云（2011）采用投入产出分析框架，总能源消耗受到能源强度、技术进步与最终需求的影响，其中最终需求的增加带来四种能源消耗量的增长。

除了传统意义上影响因素的分析外，国家政策在经济发展中的重要价值得到认可，能源政策、产业政策等相关政策对能源消费、能耗强度等问题的影响也被纳入考虑范畴（史丹，2011）。陈凯等（2013）从理论角度介绍了能源可持续、能源替代、技术效率等方面的能源政策，与影响因素的分析有异曲同工的作用；史丹（2015）从成本与价格收入方面重点分析了新能源政策中的定价机制与补贴的作用，指出其在促进新能源发展的同时也带来了产能过剩、利用与开发不足、技术创新积极度不够等负效应；郎春雷（2013）使用回归计量模型，在控制其他变量的基础上，分析了中国地区间不同能源政策对能源消费强度的影响，等等。

通过对消耗总量、消耗强度、效率等能源消耗相关文献的总结，可以看出能源消耗的变动会受到经济总量、产业结构、能源结构、技术进步、价格、投资、国际贸易、气候变化等很多因素的影响，而且各个影响因素之间也存在千丝万缕的联系，重点突出单一要素的分析或部分要素的分析，容易出现忽略某些关键要素的情况，但是将各个因素尽可能纳入分析框架，极容易出现技术处理难题、因素间共线性等障碍，而且也难以突出重点因素的效应。

二、中国隐含能源出口的影响因素

同样是能源消耗，隐含能源消耗的影响因素分析，要在之前能源消耗影响因素的分析基础上进行，分析的重点在于中国隐含能源影响因素的探讨。隐含能源被间接消耗于产品或服务的生产过程中，必然也会受到上述经济总量、产业结构、能源结构、技术等诸多经济因素的影响，但由于隐含能源是间接计算的能源消耗，与很多经济因素之间的关系不够清晰与明确，同时为了将隐含能源的变动尽可能全部分解，因此可以将同类要素进行合并，国内外研究文献一般采用结构分解的方法，将隐含能源出口的变动分解为规模效应、结构效应和技术效应，根据采用方法的不同，有时还包括能源结构效应。

1. 规模效应

隐含能源出口变动的规模效应，就是出口规模对其的影响力。中国隐含能源的流动隐藏在进口与出口当中，因此进口与出口的规模在很大程度上关系到隐含能源的规模。根据第三章对隐含能源规模的计算，中国隐含能源流出总额从 2000 年的 39837 万吨标准煤增加到 2014 年的 149159 万吨标准煤，增长了 2.74 倍，隐含能源净流出规模则从 22635 万吨标准煤增加到 90009 万吨标准煤，增长了 2.98 倍。按照定义，中国隐含能源流出规模和净流出规模应该与进出口规模大体一致，而实际上，同期中国出口总额从 20634 亿元增加到 143884 亿元，增长了 5.97 倍，净出口总额从 1996 亿元增加到 23526 亿元，增长了 10.79 倍（见表 5-1）。可见，进出口规模的增长会带动中国隐含能源规模同方向的变动，但却未带来同等幅度的增长，可以推测经济结构和技术进步会带来隐含能源反方向的变动。从数据上看，进出口的规模在很大程度上关系到隐含能源的规模，而且出口是中国经济增长的重要拉动力，而且还受到国际经济形势的影响，可见隐含能源的问题是多方力量作用的结果，路径依赖的形成使得隐含能源的改善需要谨慎的系统性工作。

表 5-1   2000~2014 年中国出口总额与净出口额   单位：亿元

指标	2000 年	2005 年	2010 年	2011 年	2012 年	2013 年	2014 年
出口总额	20634	62648	107023	123241	129359	137131	143884
进出口差额	1996	8374	12323	10079	14558	16094	23526

资料来源：国家统计局网站，网址：http：//data. stats. gov. cn/easyquery. htm? cn＝C01。

2. 结构效应

结构效应是指，不同产品的能源消耗是不同的，因此出口产品结构和进口产品结构的变动也会带来隐含能源规模的变动。为了分析中国出口结构，本书按照 STIC 分类，划分初级产品和工业制成产品各有五类，分别计算其出口额占比。对比分析 2000 年和 2014 年中国出口产品结构，2000 年出口占比在一成以上的产品依次为杂项制品、机械及运输设备和轻纺产品、橡胶制品矿冶产品及其制品，占比分别为 34.62%、33.15%、17.07%；到了 2014 年，这三种产品仍为占比最为突出的产品，但是占比与次序发生了变化，依次为机械及运输设备、杂项制品和轻纺产品、橡胶制品矿冶产品及其制品，占比分别为 45.70%、26.56%、17.09%（见表 5-2）。由此可以看出，中国的产业结构在 15 年间已经发生了变化，就产业集中度来说，集中程度有小幅提高，占比居前三位的产品的总占比从 2000 年的 84.84% 增加至 2014 年的 89.35%；产品结构趋于优化，五类初级产品的出口占比全部降低，而工业制成品占比对应提高，而且出口的重点也从杂项制品转移到机械及运输设备，机械制造类产品是附加值相对较高的中国优势产业，而且该产业中多数产品的能源消耗较低。根据中国出口产品结构的优化趋势大体可以推断，出口产品结构的优化可以减少隐含能源的流出，但出口结构的优化有限，因此出口结构变化对隐含能源流出的效应也应相对有限。在中国经济增长由快速至放缓的过程中，除了优化中国本土产业结构外，也应切实实现出口结构的优化，甚至是转型升级，从隐含能源角度来看，这关系到中国能源地位和本土污染物的排放。

表 5-2　2000 年和 2014 年中国出口产品结构（STIC 分类）

名称	2000 年（%）	2014 年（%）
食品及主要供食用的活动物	4.93	2.52
饮料及烟类	0.30	0.12
非食用原料	1.79	0.68
矿物燃料、润滑油及有关原料出口额	3.15	1.47
动、植物油脂及蜡	0.05	0.03
化学品及有关产品	4.85	5.74
轻纺产品、橡胶制品矿冶产品及其制品	17.07	17.09
机械及运输设备	33.15	45.70
杂项制品	34.62	26.56
未分类的其他商品	0.09	0.10

资料来源：国家统计局网站，网址：http：//data. stats. gov. cn/easyquery. htm？cn＝C01。

　　中国出口结构相对应的是进口结构，这既关系到中国隐含能源流入规模以及进口产品进入国内生产与最终使用，也会关系到中国能源消耗与隐含能源效率，但是由于进口来源于世界范围，与国家的历史发展、资源禀赋、技术水平、经济形势等更加复杂的因素相关，很难进行细致的分析。对比 2000 年和 2014 年中国进口产品，2000 年进口占比前三的产品依次为机械及运输设备，轻纺产品、橡胶制品矿冶产品及其制品，以及化学品及有关产品，占比分别为 40.84%、18.57%、13.42%，总占比为 72.84%，2014 年出口占比前三的产品则依次为机械及运输设备，矿物燃料、润滑油及有关原料，以及非食用原料，占比分别为 36.96%、16.17%、13.76%，总占比为 55.62%（见表 5-3）。可见，中国进口产品结构变化显著于出口产品结构，进口产品集中度显著下降，进口产品多样化，对进口依赖度降低，同时产品结构转变显著，从工业产品为主的进口格局，进化为原料和工业产品并重的格局，中国国内的生产能力增强，印证了中国国际制造大国的地位。

表 5-3　2000 年和 2014 年中国进口产品结构（STIC 分类）

名称	2000 年（%）	2014 年（%）
食品及主要供食用的活动物	2.11	2.39
饮料及烟类	0.16	0.27
非食用原料	8.89	13.76
矿物燃料、润滑油及有关原料	9.17	16.17
动、植物油脂及蜡	0.43	0.43
化学品及有关产品	13.42	9.86
轻纺产品、橡胶制品矿冶产品及其制品	18.57	8.80
机械及运输设备	40.84	36.96
杂项制品	5.66	7.13
未分类的其他商品	0.73	4.22

资料来源：国家统计局网站，网址：http://data.stats.gov.cn/easyquery.htm? cn=C01。

3. 技术效应

技术进步一直被认为是减少能源消耗的关键性因素，其对隐含能源规模也起到了重要的作用，可以从根本上减少单位产出的能源消耗。根据世界银行数据库网站的数据，GDP 单位能源使用量即平均每千克石油当量的能源消耗所产生的按购买力平价计算的 GDP，可以作为技术水平的一个有效替代。自 2005 年开始，中国的 "GDP 单位能源使用量" 持续增加（见图 5-1），也就是说中国单位能源所创造的生产增加值是不断增加的，即同样 GDP 增加所消耗能源量是减少的。联系到中国隐含能源的规模流出，GDP 单位能源使用量的增加在降低能源消耗强度的同时，也从根本上减少了中国隐含能源的流出规模。尽管中国能源消耗技术提升迅速，也带来了直接能源消耗强度和隐含能源消耗强度的降低，但是能源消耗规模和隐含能源流出规模仍表现出增长的趋势，因此在大体判断出能源技术作用方向的同时，确定其对隐含能源流出规模作用的大小也很有价值。

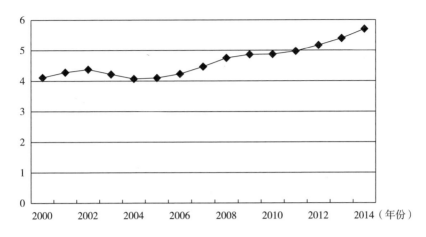

图 5-1　2000~2014 年中国 GDP 单位能源使用量

（2011 年不变价购买力平价美元/千克石油当量）

资料来源：世界银行数据库，网址：https：//data.worldbank.org.cn/indicator/EG.GDP.PUSE.KO.PP。

通过统计数据、第三章中国隐含能源的测算、第四章代表性国家隐含能源的测算，可以发现出口规模、出口结构及行业能耗水平及其变动会对隐含能源的出口规模产生影响，但是这种影响效应的大小需要进一步确定。而且隐含能源数据表现与经济学理论的判断还存在某些冲突，比如第三章能源技术水平提高与单位 GDP 能耗持续增加的现状存在冲突，因此哪些因素是正向效应，哪些因素是负向效应，就需要在本章进行验证和准确判断。出于以上原因和考虑，本章选择采用结构分解方法分析出口规模、经济结构和技术水平对隐含能源的影响效应。

第二节　中国隐含能源出口的影响因素分析

一、隐含能源分解方法的介绍与选择

根据前期的观察和数据分析可以发现，经济、资源或者环境相关指标的变化一般是在多种驱动力的共同作用下产生的，而为了分析促使这些变化的驱动力并予以定量化，分解方法（Decomposition Analysis）就应运而生，为其提供了十分有用的分析工具（Ang & Zhang, 2000）。在分解方法中，有两种为学者广泛使用的典型方法：一种是指数分解方法（Index Decomposition Analysis, IDA），另一种是结构分解方法（Structural Decomposition Analysis, SDA）。根据隐含能源的计算公式可以看出，隐含能源的出口规模取决于能源消耗系数、国家的列昂惕夫逆矩阵、对外出口的规模这三个方面，无论是指数分解方法还是结构分解方法，都可以对隐含能源出口变动进行定量分解。但是，截至目前尚没有形成唯一的分解方法，也没有绝对占优的分解方法，因此本书为了确定采用何种合适的方法进行定量分解，就需要对这两种分解方法进行比较。

结构分解方法（Structural Decomposition Analysis, SDA）通过对比关键指标组的变动，来检验在特定时间内经济的变化（Skolka, 1989），之后该方法被应用于分析单一国家在国际贸易中隐含能源和隐含碳排放变动的驱动因素，以及被应用于一组国家或经济组织的相关问题（Hongtao Liu et al., 2010）。但是，该方法的使用需要至少两个时间节点数据的支撑，这就导致其完全区别于空间指数分解方法（spatial IDA），与时间指数分解方法（temporal IDA）存在相似点。在实际应用上，Du 等（2011）使用结构分解方法（SDA）分析中国对美国出口中隐含的碳排放，将 2002~2007 年排放规模的变动分解为四个驱动力因素；Wood 和 Lenzen（2010）也采用结构分解方法（SDA）分析隐含能源出口在一段时间内变动的驱动因素；Xu 和 Dietzenbacher（2014）通过建立多区域投入产出（MRIO）模型，以大规模的国家数据为基础，分别从进口侧和出口侧检验隐含碳排放变动的驱动因素。在结构分解（SDA）的具体操作上，一般使用投入产出法和两级分解法等方法，而且随着国家和世界投入产出表数据的日益丰富，依托投入产出表进行结构分解的分析越来越多，利用消耗系数矩阵可对产业部门的最终需求、国际贸易等进行较为细致的分析。

指数分解方法（Index Decomposition Analysis，IDA）是量化分析国际贸易中隐含碳排放和隐含能源出口驱动力的备选方案之一，但是由于具体研究重点的不同，从中也演绎出不同的分析方法：一种是空间指数分解方法（spatial IDA），这种分析方法的重点放在进口与出口的差额上，可以分析国家或者地区之间的指标差异，Jakob 和 Marschinski（2013）就是用这种方法将隐含碳排放的进口与出口差额分解为四种驱动力，Anwar（2015）出于单一国国家和世界其他地区的对比分析的需要，斟酌选用空间指数分解方法（spatial IDA）将隐含能源净出口的驱动因素分解为能源使用效率、专业化、出口和进口之间的贸易平衡等。另外一种是时间指数分解方法（temporal IDA），这种分析方法的重点放在指标在一定时间内的变化上，Dong 等（2010）的研究就立足于 1990~2000 年中国对美国出口中逐渐扩大的隐含碳排放规模，将规模的扩大分解为三种驱动力。

结构分解方法（SDA）和指数分解方法（IDA）都可以满足本书对隐含能源规模变化进行定量化分解的需求，两种方法都具备各自的优势，出于分析的严谨性，本书对两种方法进行必要的比较，斟酌选择最适合本书的具备相对优势的方法。

结构分解方法（SDA）用于隐含流的分解，最突出的优势在于依托投入产出表的分析，包含了间接需求效应，可以很容易地区分出直接能源需求和间接能源需求，并厘清双方的效应；而且，如果借助详细的投入产出表数据，能够明确区分出一系列更为详细的结构效应和技术效应。

指数分解方法（IDA）也具有其用于隐含流分解的优势，首先是该方法的使用相对容易和便捷，它的计算基础并非条件相对严苛的投入产出数据，而是可以使用现有的统计数据，在总和数据的基础上就可以完成分解和计算，整个过程受到的限制较少，应用范围较广。而且，指数分解方法（IDA）最为擅长的则是进行时间序列分析，这与本书跨时间分析影响因素的效应变动是相吻合的。而在指数分解方法（IDA）中，又可以细分为拉氏指数分解技术（Laspeyres IDA）和迪氏指数分解技术（Divisia IDA）这两个类别，其中的对数均值迪氏分解法（LMDI）在计算过程和分解结果上具有突出的优势，不但能够解决运算过程中的零值问题，避免了计算过程中可能出现的错误和数据调整，而且该方法可以将隐含流中的变动分解殆尽，不存在其他不可知的影响因素，因此就避免了分解中的"剩余"问题。

考虑到上述优势比较，本书决定采用对数均值迪氏分解法（LMDI）来进行隐含流中的隐含能源出口等问题的分解分析。该方法满足在 2000~2014 年对中国隐含能源流出规模变动的影响因素的分解及效应分析，还可以与美国、欧盟、日本、印度、俄罗斯等代表性国家和地区进行同期对比，比较相同因素在不同发展水平、不同工业化进程、不同外贸特征的国家和地区所带来的不同影响、发挥的不同效应。

二、LMDI 结构分解方法

1. LMDI 分解模型的构建

本章选择使用对数均值迪氏分解法（LMDI）来对中国隐含能源的流出规模变动进行影响因素的分解分析，在具体操作上，本章延用郭朝先（2010）评估 1995~2007 年中国碳排放各种影响因素的 LMDI 方法。但是由于 WIOD 网站提供了详尽的全球投入产出表数据，而且第三章和第四章隐含能源的测算也是依据投入产出表所进行的，为保持数据口径的一致和计算的连贯性，本章隐含能源出口的结构分解也必然要依托投入产出表数据，因此本章在郭朝先的 LMDI 分解方法的基础上，灵活利用陈红敏（2011）对出口隐含能源的结构分解方法，以隐含能源的测算公式作为结构分解的开端。在中国隐含能源流出的影响因素分析上，对数均值迪氏分解法（LMDI）的具体框架和技术模型如下。

根据第三章计算隐含能源的式（3-13），可知，国家 a 到国家 b 出口额中所隐含能源流规模为：

$$E_{a,b} = e_a \times (I-A_a)^{-1} \times Ex_{a,b} \tag{3-13}$$

则有中国隐含能源出口规模可以简化为：

$$E = e \times (I-A)^{-1} \times Ex \tag{5-1}$$

式中，$e = (e_1, e_2, \cdots, e_n)$，$(I-A_a)^{-1} = \begin{pmatrix} C_{11} & C_{12} & \cdots & C_{1n} \\ C_{21} & C_{22} & \cdots & C_{2n} \\ \vdots & \vdots & \ddots & \vdots \\ C_{n1} & C_{n2} & \cdots & C_{nn} \end{pmatrix}$，

$Ex = (Ex_1, Ex_2, \cdots, Ex_n)^T$。e 为中国所有行业的能源消耗系数，$e_i$ 为中国第 i 行业单位产值的直接能源消耗；$(I-A_a)^{-1}$ 为中国列昂惕夫逆矩阵，即完全需求系数，展开后的 C_{ij} 表示单位 j 产业产品的生产对 i 产业产品的需求量；而 Ex 表示中国所有行业出口额的列向量，Ex_j 表示第 j 产业的出口规模。

令 E_j 为中国第 j 产业出口中所隐含的能源规模，则计算公式为：

$$E_j = \sum_{i=1}^{n} e_i C_{ij} s_{ij} Ex_j \tag{5-2}$$

式中，$s_{ij} = \dfrac{Ex_{ij}}{Ex_j}$，则中国出口中隐含的能源流出规模为：

$$E = \sum_{j=1}^{n} E_j = \sum_{j}^{n} \sum_{i=1}^{n} e_i C_{ij} s_{ij} Ex_j \tag{5-3}$$

令 $g_j = \sum_{i=1}^{n} e_i C_{ij}$，表示的是第 j 产业单位产值的完全能源消耗，则中国出口中隐含的能源流出规模为：

$$E = \sum_{j=1}^{n} g_j s_j Ex_j \tag{5-4}$$

式中，s_j 为中国第 j 产业的出口规模在总出口规模中的占比，即中国的出口结构；而 Ex_j 为中国第 j 产业的出口规模。

根据式（5-4），在不同时间节点 t_1 和 t_2，中国隐含能源流出规模的变动差额可以写成：

$$\Delta E = E^{t_2} - E^{t_1} = \sum_{j=1}^{n} \left(g_j^{t_2} s_j^{t_2} Ex_j^{t_2} - g_j^{t_1} s_j^{t_1} Ex_j^{t_1} \right) \tag{5-5}$$

则有中国第 j 产业的隐含能源出口规模变动为：

$$\Delta E_j = g_j^{t_2} s_j^{t_2} Ex_j^{t_2} - g_j^{t_1} s_j^{t_1} Ex_j^{t_1} = E_j^{t_2} - E_j^{t_1} \tag{5-6}$$

利用郭朝先（2010）的 LMDI 分解方法进行分解，则可以得到：

$$\Delta E_j = E_j^{t_2} - E_j^{t_1} = g_j^{eff} + s_j^{eff} + Ex_j^{eff} \tag{5-7}$$

$$g_j^{eff} = \frac{E_j^{t_2} - E_j^{t_1}}{\ln\left(E_j^{t_2} / E_j^{t_1} \right)} \times \ln\left(g_j^{t_2} / g_j^{t_1} \right) \tag{5-8}$$

$$s_j^{eff} = \frac{E_j^{t_2} - E_j^{t_1}}{\ln\left(E_j^{t_2} / E_j^{t_1} \right)} \times \ln\left(s_j^{t_2} / s_j^{t_1} \right) \tag{5-9}$$

$$Ex_j^{eff} = \frac{E_j^{t_2} - E_j^{t_1}}{\ln\left(E_j^{t_2} / E_j^{t_1} \right)} \times \ln\left(Ex_j^{t_2} / gEx_j^{t_1} \right) \tag{5-10}$$

式（5-7）、式（5-8）、式（5-9）和式（5-10）中的 g_j^{eff}、s_j^{eff}、Ex_j^{eff} 分别为第 j 产业在 t_1 到 t_2 时间段内，完全能源消耗变化、出口结构变化和出口规模变化对其隐含能源流出规模变动的影响，即隐含能源的技术效应、（出口）结构效应和（出口）规模效应对第 j 产业隐含能源流出规模的贡献程度。

结合式（5-5）和式（5-6），则可以得出中国隐含能源总流出规模变动的效应分解，即

$$g_{eff} = \sum_{j=1}^{n} \frac{E_j^{t_2} - E_j^{t_1}}{\ln\left(E_j^{t_2} / E_j^{t_1} \right)} \times \ln\left(g_j^{t_2} / g_j^{t_1} \right) \tag{5-11}$$

$$s_{eff} = \sum_{j=1}^{n} \frac{E_j^{t_2} - E_j^{t_1}}{\ln\left(E_j^{t_2} / E_j^{t_1} \right)} \times \ln\left(s_j^{t_2} / s_j^{t_1} \right) \tag{5-12}$$

$$\mathrm{Ex_{eff}} = \sum_{j=1}^{n} \frac{E_j^{t_2} - E_j^{t_1}}{\ln(E_j^{t_2}/E_j^{t_1})} \times \ln(\mathrm{Ex}_j^{t_2}/g\mathrm{Ex}_j^{t_1}) \tag{5-13}$$

式（5-11）、式（5-12）和式（5-13）中的 g_{eff}、s_{eff}、Ex_{eff} 分别表示在 t_1 到 t_2 时间内中国隐含能源流出规模的变动，造成该变动的技术效应、（出口）结构效应和（出口）规模效应的贡献。

2. 数据来源及说明

本章计算的数据来源主要包括两个方面：一是直接来自 WIOD 网站的全球投入产出表数据，C_{ij}、Ex_j 的数据就来自中国的投入产出表，另外 s_{ij} 的数据则根据 Ex_j 的产业数据进行简单计算；二是来源于第三章中国隐含能源测算的相关数据，主要包括不同年份的 e_i、E^t、E_j^t 等数据。

三、中国隐含能源出口的结构分解

1. 中国隐含能源出口结构分解的阶段分析

针对重要的时间节点和重大的变动，结构分解分析可以对这种显著的变化从结构调整、总体规模和技术进步等方面做出原因判断，并可以就影响方向、影响强度进行精准的分析，甚至是不同阶段的历史对比。结合前面对中国隐含能源规模和流向的测算，再联系近十几年中国对外贸易的发展，可以发现 2001 年和 2008 年既是中国对外贸易发展的重要节点，也极大地关系到隐含能源的流动。2001 年，中国正式加入世界贸易组织（World Trade Organization，WTO），从这一年起，中国迅速且深入地融入世界市场，贸易规模迅速扩大，而 2008 年全球性金融危机爆发，对整个世界的经济形势和贸易规模都造成了极大的冲击，中国作为世界贸易中重要的一员也遭到了波及，并对当时的国家经济发展战略带来了挑战和考验。由此，本章对中国隐含能源出口的结构分解，就先从这两个时间节点形成的三个时间区间展开分析。

按照对数均值迪氏分解法（LMDI）对中国隐含能源流出规模变动的分解，得到 1995~2001 年、2001~2008 年、2008~2014 年以及 1995~2014 年这四个时间跨度的结构分解，分解结果如表5-4所示。

表5-4 中国隐含能源流出规模变动及其结构分解（分阶段）

单位：亿吨标准煤

时间跨度	隐含能源流出规模变动	消耗强度	出口规模	出口结构
1995~2001 年	0.4923	−1.7367	2.1261	0.1030
2001~2008 年	8.0767	−4.3333	12.0566	0.3534
2008~2014 年	2.7999	−2.8695	5.7384	−0.0695
1995~2014 年	11.3690	−9.6637	20.1231	0.9095

资料来源：根据WIOD网站提供的中国投入产出表计算。

根据表5-4，1995~2014年，中国隐含能源的流出规模从3.55亿吨标准煤扩大到14.72亿吨标准煤，流出规模扩大了11.3690亿吨标准煤，中国出口规模的扩大是这一显著扩大的最主要拉动力，效应分解结果为1.77，拉动隐含能源出口规模扩大了20.12亿吨标准煤；其次，中国出口结构的变化是中国隐含能源流出规模扩大的另一拉动力，效应分解结果为0.08，使得隐含能源流出规模扩大了0.91亿吨标准煤，也就是中国出口结构中高能耗产品和服务的份额有所扩大；与此同时，消耗强度促进了中国隐含能源流出规模的缩小，效应分解结果为−0.85，拉动流出规模缩小了9.66亿吨标准煤，可见技术进步不仅降低了各个产业的能源消耗强度，也减少了出口中隐含的能源流出规模。

技术效应、出口规模和出口结构在不同阶段发挥的作用及作用的方向也存在差别，接下来按照时间阶段进行具体分析。1995~2001年，这是中国加入世界贸易组织（WTO）的前夕，隐含能源的流出规模扩大了0.4923亿吨标准煤，出口规模、出口结构是促进流出规模扩大的两大拉动力，效应分解结果分别为4.32和0.21，促进流出规模分别扩大了2.13亿吨标准煤、0.10

亿吨标准煤，同期完全消耗强度的效应分解结果为-3.53，使得流出规模缩小了 1.74 亿吨标准煤，可见出口规模扩大和技术进步是推动中国隐含能源出口规模的相反作用力。2001～2008 年，由于加入了世界贸易组织（WTO），中国隐含能源出口规模显著扩大，扩大差额为 8.0767 亿吨标准煤，出口规模扩大是最主要的拉动力，效应分解结果为 1.49，使得流出规模扩大了 12.06 亿吨标准煤，出口结构的效应分解结果为 0.04，使得流出规模扩大了 0.35 亿吨标准煤，而技术进步的效应分解结果为-0.54，使得隐含能源流出规模减少了 4.33 亿吨标准煤。2008～2014 年，全球性金融危机的爆发，中国隐含能源流出规模扩大了 2.7999 亿吨标准煤，但增速放缓，但此阶段影响因素发生了突出的变化，出口规模仍是隐含能源流出规模扩大的最大动力，效应分解结果为 2.05，使得流出规模扩大了 5.74 亿吨标准煤，而技术进步和出口结构调整都成为流出规模扩大的反向驱动力，效应分解结果分别为-1.02、-0.02，分别使流出规模缩小了 2.87 亿吨标准煤、0.07 亿吨标准煤，可见中国国内产业结构优化升级促进了出口结构的优化。

　　纵向对比三个历史阶段的技术效应、规模效应和结构效应，中国出口规模持续扩大，已经成为拉动隐含能源流出规模扩大的主要动力，然而在中国出口规模扩大迅速阶段，这种拉动效应却表现得并不突出；技术进步持续促进中国隐含能源流出规模的收缩，并且这种收缩效应在金融危机后更为突出；在金融危机前，中国出口结构一直属于促进隐含能源出口规模扩大的动力，即出口倾向于能耗消耗较大的产品和服务，但是金融危机后这种趋势发生了根本性转变，主要源于中国经济增速放缓、产业结构的优化升级。

　　2. 中国隐含能源出口结构分解的年度分析

　　重点阶段分析之后，再进行中国隐含能源流出的逐年结构分解分析。从 2001 年中国加入世界贸易组织（WTO）到 2014 年的年度变化来看，在绝大多数年度里，出口规模长期处于绝对的主导位置，决定了中国隐含能源出口规模的增减情况，而且该效应显著；技术进步带来能源消耗强度的变化，是仅次于出口规模的驱动因素，甚至个别年份会超越出口规模的驱动力，但是这两者的作用却是相反的，属于相互牵制的影响因素，而且作用效果是"遇强则强"，而非此消彼长；而出口结构是中国隐含能源出口最不显著的驱动因素，作用的方向并不稳定，多数年份是隐含能源出口规模扩大的驱动力，但还有部分年份会减少隐含能源出口规模。

从年度变化趋势上看，上述三个驱动因素在 2008 年金融危机前后出现了剧烈波动，2008 年和 2009 年的中国隐含能源年度出口规模出现了罕见下降，2008 年比 2007 年减少了 0.0106 亿吨标准煤，出口规模、消耗强度和出口结构的分解效应分别为 -188.15、212.08 和 -22.93，对隐含能源出口规模的实际影响则分别是增加了 1.99 亿吨标准煤、减少了 2.24 亿吨标准煤和增加了 0.24 亿吨标准煤；2009 年比 2008 年的出口规模减少了 1.8913 亿吨标准煤，出口规模、消耗强度和出口结构的分解效应分别为 1.01、-0.21 和 0.21，对隐含能源出口规模的实际影响则分别是减少了 1.90 亿吨标准煤、增加了 0.41 亿吨标准煤和减少了 0.40 亿吨标准煤（见表 5-5）。

表 5-5　中国隐含能源流出规模变动及其结构分解（逐年）

单位：亿吨标准煤

时间跨度	隐含能源流出规模变动	消耗强度	出口规模	出口结构
2013~2014 年	0.2852	-0.5690	0.8295	0.0242
2012~2013 年	0.1611	-0.8608	0.8955	0.1243
2011~2012 年	1.4757	1.0416	0.4504	-0.0147
2010~2011 年	1.0701	-1.3186	2.2343	0.1544
2009~2010 年	1.6990	-1.3565	2.9655	0.0901
2008~2009 年	-1.8913	0.4065	-1.9009	-0.3969
2007~2008 年	-0.0106	-2.2435	1.9903	0.2426

续表

时间跨度	隐含能源流出规模变动	消耗强度	出口规模	出口结构
2006~2007 年	1.0383	-1.7711	2.7171	0.0923
2005~2006 年	1.5017	-0.8717	2.4542	-0.0809
2004~2005 年	1.4662	-0.4888	2.1497	-0.1946
2003~2004 年	1.7780	-0.5522	2.1688	0.1614
2002~2003 年	1.5377	-0.0608	1.5671	0.0313
2001~2002 年	0.7654	-0.1145	0.8783	0.0015

资料来源：根据 WIOD 网站提供的中国投入产出表计算。

从总体趋势上看，出口规模的年度变化是中国隐含能源出口规模变动最主要的驱动因素，并在绝大多数情况下其变化方向决定了隐含能源流出的变动方向，技术进步则是最有可能实现隐含能源出口规模收缩的最有效手段，而出口结构的效用虽然微小，但是由于长期以来出口结构都表现出向高能耗行业倾斜的特征，如果中国能够切实推进产业结构的优化升级，由此带来的出口结构优化在减少隐含能源出口上具备充足的潜力。

3. 中国行业隐含能源出口的结构分解

WIOT 网站公布全球所有国家和地区的投入产出表，是搭建在"35 行业×35 行业"的分析框架上的，而且最新公布的数据将这一框架扩充为"56 行业×56 行业"的框架，不管是中国传统的三次行业划分，还是 35 个行业的细化，不同产业部门具有自己的特点，相同的影响因素发挥着不同力度的效应，本书在分阶段、分年度进行结构分解之外，再将重点投射在 35 个具体的行业，来分析在中国隐含能源流出规模变化中具有重要意义的产业部门。

1995~2014 年，中国出口总规模从 12451.81 亿元扩大到 143883.75 亿元，隐藏在其中的隐含能源出口规模也从 3.55 亿吨标准煤扩大到 14.92 亿吨标准煤，但并不是所有行业都经历了隐含能源出口规模的扩大，农业和服务业的细分行业大多实现了隐含能源出口规模的收缩，而工业则是出口规模扩大的重点区域。在这二十年间，除电气和光学设备、基本金属制造、化学品及化学品制造、机械设备外的金属制品制造、纺织品和纺织、焦炭和精炼石油产品制造、运输设备、其他非金属矿物制品制造等产业部门，隐含能源流出规模扩大显著，占到了所有产业部门总扩大规模的八成以上。而从 2008 年金融危机后到 2014 年，中国隐含能源出口规模扩大显著的产业部门也集中在前八个产业部门，除了运输设备产业替代纺织品和纺织外，其他产业部门没有变化，但是这八个产业部门的增长在总增长规模中占到了七成以上，增长的集中度低于二十年的总水平。

对于导致隐含能源出口规模扩大的因素，出口规模扩大是其主要的拉动力，这与中国积极融入世界市场、制造业大国的发展定位等初期特征是相吻合的；同时，技术进步所带来的能源消耗减少在这些行业又是表现最突出的，是抵消出口扩大所带来的能源消耗和隐含能源出口的中坚力量，出口规模庞大的部门会有更强的节省能源消耗、节约成本的诉求与动力，这就使得更多的研发资金被投入到这些产业，积极推动技术研发，而且先进的技术在产业内得到推广，可以转化为客观的成本节约与利润增加。

1995~2014 年，中国隐含能源流出规模减小的行业有其他社区社会及个人服务、农林牧渔业、其他支持和辅助运输活动和旅行社活动、采矿和采石、运输与存储、邮电、教育这七个，总减少规模为 0.115 亿吨标准煤，这些行业中除了出口规模拉动了隐含能源流出规模的扩大外，技术进步和出口结构都在减少流出规模中发挥了重要作用，而且超过一半的产业部门的出口结构效应大于技术进步。

分析从中国加入世界贸易组织（WTO）的 2001 年到金融危机后的 2014 年，不管是隐含能源流出规模扩大的产业部门还是流出规模缩小的产业部门，出口规模的扩大都是拉动流出规模扩大的最主要因素，技术进步是抵消出口过快扩张的关键因素，除了房地产外，所有行业的技术进步都取得了可观的成绩。另一个因素是出口结构的调整，而这一因素在不同产业部门还是具有很大差异的，其中最为突出的是纺织品和纺织，结构调整使得该行业的隐含能源出口规模缩小了 0.68 亿吨标准煤，还有食品饮料和烟草、皮革和相关产品制造、基本金属制造等产业的结构调整也表现突出，促使隐含能源流出规模分别减少了 0.125 亿吨标准煤、0.120 亿吨标准煤、0.119 亿吨标准煤。出口贸易是国际市场需求和国内产业发展双重作用下的结果，因此出口结构的效应具有很强的部门特性，但是实现隐含能源出口规模收缩的部门，其出口结构调整发挥了减少的效应，由此可以看出，某些部门的出口结构调整会具有很强的隐含能源出口规模收缩的效果，就现在数据来看，表现在初级产品部门和服务业部门。

第三节　代表性国家和地区的影响因素分析

一、结构分解方法的调整

第二节采用对数均值迪氏分解法（LMDI）对中国隐含能源流出规模的变动进行了结构分解，并进行了历史数据的纵观比较分析，而为了在相同时间与世界其他经济体进行对比分析，本节采用相同的方法对代表性国家和地区的隐含能源出口规模变动进行结构分解。

具体计算上，代表性国家和地区采用式（5-11）、式（5-12）、式（5-13）对 g_{eff}、s_{eff}、Ex_{eff} 的分解公式，将 1995~2001 年、2001~2008 年、2008~2014 年三个时间段内隐含能源流出规模的变动，分解为技术效应、（出口）结构效应和（出口）规模效应三部分。其中使用的参数来源也相应发生变化：美国、欧盟、日本、印度和俄罗斯的完全消耗系数（C_{ij}）、出口规模（Ex_j）的数据分别使用美国、德国、日本、印度和俄罗斯的投入产出表，出口结构数据（s_{ij}）则分别根据其产业出口数据计算得来；不同年份的隐含能源数据（E^t）、所有产业的隐含能源数据（E^t_j）以及能源消耗系数（e_i），则主要来自第四章代表性国家和地区隐含能源测算的中间结果和最终结果。

二、代表性国家、地区的隐含能源出口分解

本小节采用中国隐含能源出口的 LMDI 结构分解方法，对美国、欧盟、日本、印度、俄罗斯等代表性国家和地区的隐含能源出口规模变动进行了相同的结构分解，探索技术进步、出口规模变动和出口结构调整发挥怎样的驱动作用。

总体上看，不管是美国、欧盟和日本等发达国家和地区，还是印度、俄罗斯等发展中国家，也不管是美国、俄罗斯等能源储藏丰富的国家，还是日本这样的能源储藏相对匮乏的国家，其隐含能源的流出规模在 1995～2014 年都实现了不同程度的扩大，技术进步、出口规模和出口结构对隐含能源流出规模的影响效应呈现出相同的变化趋势，而且这三大影响因素中，出口规模是拉动隐含能源出口规模扩大的最主要因素，而技术进步带来的能源消耗强度降低是缩小隐含能源流出规模的最主要因素，而出口结构的影响效应有限，虽然结构在长期有不同方向的变化，但是仍发挥了拉大流出规模的总效应。

从区分具体国家和地区来看，立足美国的三阶段的结构分解结果，金融危机后的隐含能源出口规模仍然保持了增长趋势，增幅达 1.4714 亿吨标准煤。危机后，出口规模仍是隐含能源规模扩大的主要因素，但拉动规模从危机前的 3.1578 亿吨标准煤减少到危机后的 1.0958 亿吨标准煤（见表 5-6）；同期，出口结构的拉动作用有所增强，使得隐含能源规模扩大了 0.9221 亿吨标准煤，相较于技术进步减少的 0.5471 亿吨标准煤，可知出口结构变动的效应已经超过了技术进步。可以看出，金融危机对美国的出口贸易造成了一定冲击，产品和服务的出口结构调整效应显著，出现向高能耗产业部门倾斜的趋势。

表 5-6　代表性国家和地区隐含能源出口的结构分解

（1）美国隐含能源流出规模变动及其结构分解（亿吨标准煤）

时间跨度	隐含能源流出规模变动	消耗强度	出口规模	出口结构
1995~2001 年	−0.1537	−0.9237	0.9386	−0.1685
2001~2008 年	1.3731	−3.1554	3.1578	1.3707
2008~2014 年	1.4714	−0.5471	1.0958	0.9221
1995~2014 年	**2.6907**	**−5.7836**	**5.6125**	**2.8613**

（2）欧盟隐含能源流出规模变动及其结构分解（亿吨标准煤）

时间跨度	隐含能源流出规模变动	消耗强度	出口规模	出口结构
1995~2001 年	2.7619	0.4645	0.4083	0.1124
2001~2008 年	1.8320	−4.7026	4.9654	1.5680
2008~2014 年	−0.2545	−0.0350	0.8363	−1.0640
1995~2014 年	**4.3394**	**−2.4517**	**3.9879**	**0.5486**

（3）日本隐含能源流出规模变动及其结构分解（亿吨标准煤）

时间跨度	隐含能源流出规模变动	消耗强度	出口规模	出口结构
1995~2001 年	0.2632	0.4213	−0.1716	0.0135
2001~2008 年	0.9130	−0.8268	1.4377	0.3020
2008~2014 年	−0.2099	0.0109	−0.1287	−0.0930
1995~2014 年	**0.9663**	**−0.2515**	**0.9611**	**0.2558**

（4）印度隐含能源流出规模变动及其结构分解（亿吨标准煤）

时间跨度	隐含能源流出规模变动	消耗强度	出口规模	出口结构
1995~2001 年	0.4939	−0.0026	0.4069	0.0897
2001~2008 年	0.7736	−1.1390	2.0289	−0.1160
2008~2014 年	0.9412	−0.4049	0.8013	0.5440
1995~2014 年	**2.2088**	**−1.2727**	**2.8307**	**0.6501**

（5）俄罗斯隐含能源流出规模变动及其结构分解（亿吨标准煤）

时间跨度	隐含能源流出规模变动	消耗强度	出口规模	出口结构
1995~2001 年	1.4155	0.9015	0.8015	−0.2860
2001~2008 年	−0.2872	−9.1756	8.2150	0.6678
2008~2014 年	0.0858	−1.0242	0.8258	0.2917
1995~2014 年	**1.2141**	**−7.9959**	**8.6183**	**0.5951**

资料来源：根据 WIOD 网站的美国、日本、印度、俄罗斯和欧盟的投入产出数据计算。

在金融危机后，欧盟的隐含能源流出规模出现了罕见下降，减少了0.2545亿吨标准煤。在这个阶段，出口规模扩大对隐含能源流出规模的拉动作用大幅下降，从危机前的4.9654亿吨标准煤下降到0.8363亿吨标准煤；技术进步对隐含能源出口的收缩效应也出现显著下降，从危机前的减少4.7026亿吨标准煤降低到0.0350亿吨标准煤；而出口结构对隐含能源出口规模的效应则出现了逆转，从危机前的扩大1.5680亿吨标准煤到危机后则变成了减少1.0640亿吨标准煤。

从隐含能源出口的结构分解来看，金融危机对日本的影响显著，其隐含能源出口规模出现了收缩，减少了0.2099亿吨标准煤。而且驱动因素的作用方向和力度也出现了显著变化，出口规模的作用方向出现逆转，从危机前实现隐含能源出口规模扩大0.9130亿吨标准煤，到危机后为减少0.2099亿吨标准煤；金融危机前后，出口结构也从拉大隐含能源出口规模0.3020亿吨标准煤，转变为减少流出规模0.0930亿吨标准煤；技术进步失去了减少隐含能源出口规模的效应。金融危机对日本的冲击表现在出口贸易上，不仅使规模收缩，还导致出口产品种类和份额发生变化。

印度是一个深度融入世界市场的发展中经济体，其出口规模难以避免地受到金融危机的冲击，但最大的危害是中断了其产业出口结构的优化。金融危机后，出口规模和技术进步对隐含能源出口规模的影响都有所收缩，前者对规模的扩大效应减少到0.8013亿吨标准煤，后者对规模的收缩效应减少到0.4049亿吨标准煤；而同期的出口结构效应出现逆转，危机前出口结构处于优化的状态，实现隐含能源出口规模减小0.1160亿吨标准煤，而在危机后，则再次向能源消耗高的产业倾斜，再次拉大隐含能源流出规模0.5440亿吨标准煤。

俄罗斯长期以来就是以能源为主的出口贸易国家，其隐含能源的流出规模从危机前的收缩状态，到危机后再次出现了0.0858亿吨标准煤的小幅扩大，与其他国家和地区不同的是，能耗强度一直是俄罗斯隐含能源流出规模的最主要驱动因素。危机后，出口规模扩张、消耗强度和出口结构调整对隐含能源的实际影响效果都有所收敛，分别实现流出规模的扩大 0.8258 亿吨标准煤、减少 1.0242 亿吨标准煤和扩大 0.2917 亿吨标准煤。

三、代表性国家、地区与中国的对比分析

通过对比分析中国和代表性国家的隐含能源出口结构，可以发现在隐含能源出口的影响因素上存在着共性趋势，同时中国也呈现出一些新的变化。

隐含能源的流动完全依托于进出口贸易，这就从根本上决定了隐含能源的流出完全依赖于出口贸易，因此出口贸易规模的变化在很大程度上决定了隐含能源流出规模的变动，特别是出口规模缩小会带来隐含能源流出规模的急剧下降，这在金融危机后的日本表现得尤为突出。而且金融危机在爆发前，出口规模基本上保持了增长的总趋势，但是增长幅度在金融危机后出现了下降，可以反映出在世界市场已经搭建、全球化趋势形成的当前，国家间或者地区间的紧密经济联系已经很难打破，进出口贸易的频繁必然使得国家出口规模增长趋势的不可逆，因此隐含能源的问题已经成为传统能源问题之外的另一个重要课题，而且出口规模增长以外的其他因素才是减少实际能源消耗和隐含能源流出的关键。

技术进步一直是抵消、遏制隐含能源流出规模持续扩大的最为重要的因素，不管是技术开发水平相对先进的发达国家，还是积极开展科技研发的发展中国家，能源消耗技术水平处于总体提升的状态，从根本上减少了能源的消耗，也带动了隐含能源流出规模的收缩。但是，科技研发所取得的实际收益又会受到国际经济形势和国内发展战略的波及，因为这些因素会影响技术进步在行业发展中的重要程度，微妙地改变行业对技术研发的重视程度和投入力度。中国在面临出口规模庞大的无法逆转的形势下，技术在降低能源消

耗强度从而减少隐含能源流出上，是作用面最广、效果最为显著的影响因素，延续对科技进步的重视与投入仍是调整出口贸易中能源劣势的有效手段。

出口结构仍是一个效用并不突出的影响因素，其在多数国家和地区、在多数时间区段里，扮演的仍是增加隐含能源出口规模的角色，但是这一拉动力并不突出，是三大影响因素中最弱势的一个。但是，对比2008年金融危机后中国与欧盟、日本的结构分解可以发现，这些国家和地区基本摆脱了国际产业链相对低端的地位，并且具备相对扎实的工业基础，当面临国际贸易受挫的考验时，出口结构调整所带来的隐含能源出口规模的减少效应被突出并放大。与之相反的是印度，金融危机的到来打断了出口结构的优化，国家发展战略的倒退，使得结构效应出现了危机前的收缩效应到危机后的扩大效应这一罕见逆转。除了常见的技术进步因素外，出口结构的优化会成为国家或地区减少隐含能源出口的新亮点，而这种结构的优化与持续需要更多国家战略与政策的引导，而且应该只会在部分国家或地区先行展现效果。

本章小结

本章衔接于第三章与第四章，是在中国及代表性国家和地区的隐含能源流动规模与方向的基础上，进一步分析隐含能源流出的影响因素及其影响效果。中国加入世界贸易组织（WTO）、融入世界市场，带来中国进出口贸易规模扩大的同时，难以避免地带来了中国隐含能源流出规模的扩大，这在其他代表性国家和地区，以及全球的隐含能源流动规模中都有所表现。而在全球化背景下，即便遭受了严重的金融危机和国家债务危机，世界贸易规模也很难出现大规模增长逆转或者收缩的趋势，因此技术进步和出口结构调整是减少隐含能源出口的两大突破口，得益于当前科学技术的快速发展，以及全球产业链的搭建，新技术可以迅速应用于生产过程并形成产业化，因此在不同的国家和地区的节省能源消耗和减少隐含能源出口上，技术进步将长期发挥有效抵消出口规模扩张效应的关键作用。与此同时，在很长的时间，出口结构由于影响效应有限，并没有在隐含能源出口规模上发挥突出的作用，也不是隐含能源相关研究的重点，但是金融危机的爆发打断了很多国家和地区正常的发展规划，例如，印度在危机后就逆转了危机前结构优化所带来的隐含能源出口的减少，同时危机爆发也会刺激国家对之前发展模式的反思，例如危机后中国和日本通过发展战略的调整，出口结构在减少隐含能源出口上的作用得到了凸显。可以说，随着世界经济联系日益紧密，贸易规模持续扩大，在技术进步有效减少隐含能源出口规模外，出口结构的作用得到了初步发挥。

第六章　国际生态环保责任的权衡

　　能源及相关问题的研究一直都是国内外研究的重点，而相关研究的主题日益多样化。从能源成为工业生产最重要的动力来源，能源开采、能源生产与能源运输等领域就成为科学界探索的方向；矿石能源的可枯竭以及能源供需时空分布的不均衡，又使得能源节约、新能源开发、能源贸易等内容成为讨论的话题；而随着污染日益严重、生态环境遭到破坏，节能减排又成为关系到社会诸多方面的热点。本书从能源话题切入，测算了中国及代表性国家和地区隐含能源的流动情况，借此重新定义了中国在国际贸易中的能源地位，而隐含能源出口规模的结构分解则是从目标国入手，探索出国家和地区主动改善隐含能源流动现状的可能路径与空间。隐含能源是对传统能源问题研究的修正与挑战，由此还衍生出碳排放源头和责任的确认问题，特别是在当前全球气候变化谈判、生态环保责任尚处于谈判的阶段，隐含能源这一思考角度的引入会对这些问题产生冲击，形成更有利于发展中国家的权责划分，反映在已有的国内外研究，发展中国家既是隐含能源研究的主要目标国，也是该研究的主要阵地。由此，本章根据隐含能源问题就当前国际上生态环保责任的划分进行讨论。

第一节 国际环保责任的划分

一、国家的环保责任

1. 环境保护概念的萌发

人类社会是衍生于自然，而后依靠工具逐步脱离自然桎梏，是从"靠天吃饭"到"人定胜天"的过程，可以说人类社会的发展是试图脱离发展的自然极限的过程。而在与自然抗争的过程中，环境问题就已经存在，但是不同发展时期，环境问题的含义、范畴、严重程度却存在很大的差异，农业社会的环境问题常见于农田开垦导致的水土流失，影响的地理范围有限，对人类社会正常的生产、生活影响不大，不足以构成对人类社会发展的威胁。而现代社会所研究和解决的环境问题，则是源于工业社会，工业化发展带来了城市的星罗棋布、人口规模的激增，这种完全超越人类历史以往速度的发展，使得环境问题以前所未有的规模、危害袭击了人类社会，从 20 世纪 30 年代在全球陆续爆发了一系列生态环境公害事件，例如日本比利时马斯河谷烟雾事件、美国多诺拉烟雾事件、英国伦敦烟雾事件、美国洛杉矶光化学烟雾事件、日本水俣事件、日本富士山事件、日本四日事件、日本米糠油事件等，这激起了人们对生态环境的重视，但是这种重视仍局限于地区工业污染问题的解决。①

一直到 1962 年，蕾切尔·卡逊的《寂静的春天》在美国出版，以农药污染引致的生态危机为例，强势地揭露了工业社会环境保护问题的严峻，目的是将环境问题提上国家的议事日程，此书从美国开始引发了激烈的论战，

---

① 林娅．环境哲学概论［M］．北京：中国政法大学出版社，2000.

但也正是由于不同论点的激烈交锋，使得"环境"这一人类自诞生就生存其中的系统，获得了应有的重视，这也是现代社会思考将环境纳入国家公共政策的起点。生态环境保护成为国家发展的重要主题之一，它并不是一蹴而就的事，也是经历了漫长的理论和实践过程。1972 年，联合国人类环境会议在斯德哥尔摩召开，该会议在理论研究和实践推进上都取得了极大进步，在会议参与国家所提供材料的基础上，立足全球发展前景，英国经济学家 B. 沃德和美国微生物学 R. 杜博斯共同出版了《只有一个地球》，评述环境污染对国家发展及人类社会的影响，并呼吁每一个国家对地球环境加以重视，而且会议还通过了《联合国人类环境会议宣言》，在参与国家与国家组织之间达成了七点共识和二十六项原则，在平等的基础上，以合作的精神指导所有国家的环境保护工作，而且也在全球推进了国际环境保护法的进步，这对现代社会紧密协作解决环境问题提供了框架。同样在 1972 年，美国的德内拉·梅多斯、乔根·兰德斯和丹尼斯·梅多斯共同出版了《增长的极限》，突破当时研究的局限，以前瞻性的态度阐释了人类发展会遭受自然环境"极限"的天花板，尽管后续的研究和现实证明了极限论断与发展停滞的论断过于耸人听闻，但是却是超前地蕴含了可持续发展的探索。

公害事件的集中爆发，刺激了生态环境保护意识的觉醒，并有效推进了生态环境保护的工作，但是这种进步仍局限于一定地域范围内，而随着工业化和经济发展进程从发达国家扩展到发展中国家，全球工业发展和经济增长进入前所未有的提速期，这进一步加剧了环境污染，而且环境污染和生态破坏从地域性问题迅速发展成为全球性问题。20 世纪 80 年代起，温室效应、臭氧层空洞、气候变化、海平面上升等已经威胁到全世界每一个国家、每一个居民的生活，并威胁着人类未来生存的机会。在全球性生存和发展危机的作用下，生态环境保护成为世界所有国家和居民面临的共同课题，国家间和区域间在谈判与协商中举步维艰地向合作推进。

针对全球变暖这一全球性的环境问题，联合国政府间气候变化专业委员会（The Intergovernment Panel on Climate Change，IPCC）从 1990 年开始公布气候变化的评估报告起，截止到 2018 年已经公布了五次气候评估报告，长期系统性地监测全球气候变化，观察气候变化对经济发展和人类生活的影响，及其对未来的风险，而且数据也证明了人类活动对全球气候有明显的影响，而且这一影响的效应正在增强。由于所有国家和居民的行为共同造成了当前所面临的环境问题，因此这一问题的解决就需要以全球合作的方式解决，以环境保护为主要目的的全球合作框架得以搭建，并艰难地推动囊括所有国家的环保协作。

作为国际生态环境保护合作的探索，1992 年《联合国气候变化框架公约》（UNFCCC，1999a）是世界上第一个全面控制二氧化碳等温室气体排放、应对全球气候变暖的国际公约，也是环保政策的一个分水岭，通过一系列协议文件的公布，基本上明确了气候保护的目标、准则、国家行动等，发达国家也作出了碳减排承诺，但是这些承诺并不具备法律约束力，而且国家拒绝履行承诺也没有有效、可行的处罚措施。但是在《框架公约》（UNFCCC，1999b）下，国家间更为紧密的全球合作被提上日程。框架公约经过三次会议的长期谈判，于 1997 年 12 月通过《京都议定书》，这是人类历史上首次采用法规这种相对强制的形式，实现"将大气中的温室气体含量稳定在一个适当的水平，进而防止剧烈的气候改变对人类造成伤害"的目标，积极吸纳更多的国家参与到全球碳减排的共同框架中，最终 183 个国家签署该协议，而且多数国家都完成了最初的减排承诺。然而，该协议谈判与签署却不是一个顺遂的过程，其整个过程都充满着质疑与争论，主要表现在美国及其他工业化国家与欧盟及许多发展中国家在意见上的巨大分歧，而且以此为借口，美国和加拿大拒绝完成承诺，并退出协议。[①]《京都议定书》的承诺完成后，全

---

① 保罗·R. 伯特尼，罗伯特·N. 史蒂文斯. 环境保护的公共政策 [M]. 穆贤清，方志伟译. 上海：上海三联书店，上海人民出版社，2004.

球国家间的气候谈判仍在继续，随后《巴黎气候变化协定》在 2015 年 12 月通过、2016 年 4 月签署，以应对更加严峻的气候变化问题，并期望更多的国家加入这一共同行动指南，该协议是继《联合国气候变化框架公约》《京都议定书》之后，人类历史上应对气候变化的第三个里程碑式的国际法律文本，形成了 2020 年后的全球气候治理格局。

生态环境保护从进入公众视野，到纳入国家发展政策，再到全球共同应对的重大课题，人类的发展已经由最初的脱离自然桎梏，演变为尊重自然、寻求与自然和谐共处的探索，而在环境保护过程中，国家被期望和被要求承担相应的责任，而且国家的加入确实也在遏制生态破坏、环境污染中发挥了突出的作用，是环境保护最不可或缺的主体。

2. 国家的环境保护责任

生态环境保护的主体除了国家以外，还可以是个体、企业、社会组织等，但是国家或者说是政府被期待承担生态环境保护的主要工作，而且在环保实践中国家确实不自觉地承担起了这一责任。这种环境保护的责任也好，义务也好，其实都来源于国家机器的建立与运行，天然地优于公民、先于公民承担起对环境的保护。

国家环境保护责任的赋予是来自多方面的。首先，国家一经建立就与公民之间建立了"社会契约"，在契约关系下，国家的一切活动的出发点和目的是为了人民的福祉、为了保障人的尊严得以实现，国家承担人民让渡的部分权利而负有进行环境管理的义务，以便为公民创造一个舒适、健康的国家，国家与公民之间达成的社会契约中就包括自然契约部分。其次，国家肩负着保障公民环境权益的公共信托义务，这是从公权力角度将环保视为权利与义务的集合体，国家内的公民共同占有空气、水、海洋、湖泊、河流等环境要素，环境资源是全体国民的共享资源和公共财产，任何人不能任意对其占有、支配和损害，而由于自然资源的特殊性，公民为了管理共有财产将其委托给政府，因此国家获得了持有自然资源的权利，这也是国家承担环境管理和保护义务的权力来源。再次，为了促进和保障公民环境福利，当前的环境问题是国家经济快速增长的后遗症，而经济财富的累积也激发了福利经济和社会保障思想的提出，福利国家的建立除了要进行医疗、养老、文教、住宅等社会环境的改善外，还包括自然环境的改善，由此国家必须保障环境——人类生存的基本前提，保障公民的生命、身体及健康。最后，环境问题的公共性也决定了环境保护要由国家来承担，不管是经济学领域还是政治领域，资源与环境都被定义为公共领域，是完全开放性的问题，很难像私人领域那样进行明确的权责确认和惩罚措施，而且环境保护还涉及道德伦理问题，因此私人领域的管理方法应用于公共领域是完全低效的，因此由国家进行公共领域的环保问题。①

国家具备管理和保护环境这一公有资源的义务，在具体实践中，其实是政府在进行环境保护工作，而且在非专业领域，政府与国家的概念经常被混用，但是两者之间仍存在差异，不能简单地进行环保工作角色的替代。广义上看，政府可以无限接近于国家，是国家的组织机关；狭义上看，政府仅是国家的行政机关。由此，国家是公民环境利益的代言人，而政府是国家的代理人和执行人，是国家利益的体现，是国家与社会的连接体。但是，不管是对内还是对外，政府是代替国家进行环境保护的主体。

根据前面的分析，环境污染成为全球性问题，环保工作成为需要世界所有国家系统攻破的课题，随之而来的就是国家的环保责任也就不再局限于单一的国家范围内，需要延伸至更广阔的国际领域。在国际领域，国家进行环境保护工作是一个相对矛盾的过程，一方面国家环境保护的根本出发点来源于、回归于公民利益，这与其他国家公民必然存在利益冲突，还有在国家协同环保的局面下，成本明确而受益模糊，而且全球责任划分标准难以统一，

---

① 陈真亮. 环境保护的国家义务研究［M］. 北京：法律出版社，2015.

每一种划分都可能存在利益倾斜的可能。从《联合国人类环境会议宣言》开始，国际环保工作的探索就开始沿着国际环境法的路径推进，以法律的形式将核心利益由国家公民利益过渡到全人类福祉的价值取向上来，立足全球视角下的环境利益，从全人类的利益出发，主权国家承担起环境保护的"对世义务"，通过各种适用的国际制度来保护国际环境。国际环保合作推动从国际环境法的方向切入国家间的协同行为，将国家的国际环境保护上升为法律上的国家环境责任，就能够以具有一定强制力的方法，实现国家在环境保护领域对其有责行为所应承担的法律责任。[①]

国家的环境保护责任已经从国内的环保义务拓展到国际环保责任，并且以国际环境法的形式确定国家环保责任的最低标准，督促国家环保责任的履行。不同于国内环保责任实现的必须性和强力举措，国际环保责任的确认和推进，必然会损害国家的部分利益，还涉及发展机会历史分配的博弈、主权国家间的利益博弈等问题，特别是发展中国家和发达国家之间的冲突是一大挑战。因此，如何尽可能地使用相对公平、接受度广的方法划定国际环保责任是生态环境保护的一个重点工作，其直接关系到主权国家参与的积极性，以及实际环保工作的正常推进。

二、国际环境保护责任划分的依据

几乎所有国家和地区，都认可国际环保责任的存在，也接受国际协同合作解决环境问题的策略，但是国家间仍难以达成共同的合作方案，或者达成的方案难以切实落实，矛盾集中于国际环保责任的国家划分。而国际环保责任的划分，涉及哲学、社会学、政治学、经济学、法学等很多领域的内容，而从联合国政府间气候变化专业委员会（IPCC）的成立到《联合国气候变化框架公约》的通过，从《京都议定书》的签署、任务完成到《巴黎协定》的

---

① 伍亚荣.国际环境保护领域内的国家责任及其实现［M］.北京：法律出版社，2011.

最近签署，国际环保责任在这个过程中逐渐形成了相对成熟的划分原则。

首先是历史排放与代际公平。正如气候变暖是全球温室气体排放累积的结果，当前全球性环境问题都是人类历史行为累积的结果，因此以国家为单位，统计其累积污染物排放可以作为环保责任划分的一个重要依据，并进行跨代际的责任分配。工业革命以来是污染物排放和环境污染的重点时期，根据污染物累积可以清楚地判断发达国家的生产消费行为是环境污染的最主要来源，1800 年以来大气汇总八成以上的二氧化碳是来自发达国家（Grubler & Fujii，1991）。从发展权的代际公平上来说，发达国家优先享受了发展带来的利益，就应该为收益支付相应的成本，而发展中国家不能因为发展时间的滞后，现在成为重要的污染源，就要承担过多的环保责任，为发达国家的工业发展历史埋单；而且以国家作为环保责任承担主体的话，发达国家是当前全球性环保问题的责任主体，而且当前国家也享受着前人污染所带来的收益（Gosseriers，2004），按照"污染者付费"的原则，发达国家应该为其历史排放及其后果承担相应的责任。当然这种划分依据也存在着质疑，主要集中在环保责任的权衡上，发达国家虽然从工业化开始持续排放了大规模的污染物，但是污染物规模及对生态自然的污染效果来源于数据估计，实际效果并不明确，而且发达国家的发展是具有充分溢出效应的，除了本国居民享受了污染带来的收益外，其他国家的居民和发展也享受着同样的收益，而这部分收益并没有被纳入划分标准当中，而且即使纳入，如何度量这部分责任也有很大的难度。简单来看，历史累积排放的划分依据更有利于发展中国家的利益和发展，主要来自发达国家的质疑虽然具有一定合理性，但只是依据的补充和完善，不能从根本上动摇环保责任的根基。

其次是人均排放与代内公平。由于国家承担国内和国际环保责任，因此国家常被看作是责任划分的主体，但是联系到国家具体情况的巨大差异，表现在国家的污染物排放总规模和人均规模会在全球国家间处于不同的水平上，以印度和中国为例，这些国家的年度污染物排放总规模与发达国家相匹敌，但是由于人口规模巨大，人均规模却又远低于发达国家。环保责任的公平除在国家间的公平外，还应该包括每一人的排放权的公平，表现在同一代际内的人均排放权的平等，和人在不同代际排放权的平等（Neumayer，2000）。同样地，这种方法也存在着质疑，主要集中在预期与结果的差异很容易造成环保目标的难以实现，按照人均的污染物排放权和环保责任进行划分，但仍是由国家作为责任主体进行实际的排放和环保工作，很多国家的现实情况并不一定能够保证人均环保责任的落实，可能会出现依靠人口增长来实现环保责任的畸形方式（Beckerman & Pasek，1995）。不管是从代际公平的角度还是代内公平的角度，这种责任划分更倾向于发展中国家，发达国家的环保责任被突出，污染物排放的权力被压缩，在全球推行上阻力重重。

再次是减排能力与收入差异。前面的两种划分依据强调的是责任，而责任不代表具有减排或者环保的能力和实力，因此国际上也支持具有环境保护实力和减少污染物空间的国家承担更多的环保责任，以便积极推动环境保护取得成效。将环保责任落实到减排能力，其实就是将重点放在了环保的可行性和环保目标的可实现性上，简单来讲，富裕国家的污染物排放很多是不必要的排放，包括很多新增加的排放也是为了生产以外的享受，具备减少排放的空间和潜力；而贫穷国家增加的污染物排放大部分用于基本生活的保障，在这种情况下很难减少污染物的排放，而且即使被分配环保责任，也很难有效达成目标（Baer et al.，2008）。这种更有利于环保目标实现的责任划分，却有着一个最大的弊端，就是用环保目标掩盖了国家应该承担的责任，一旦弱化对以发达国家为主的国家污染的追责，之后的国际环保就失去了约束力，演变为带有道德性质的公益行为，这对发展中国家则是相对不公平的（Risse，2008；Caney，2005）。

最后是贸易领域的碳排放转移与消费者责任。这种环保责任的划分是建立在日益普遍的贸易全球化背景下的,世界市场的搭建促使所有国家的商品都被纳入流动频繁、规模庞大的贸易体系中,而国家对出口产品的生产形成规模不容小觑的碳排放,而产品却由贸易对象国消费,极大地冲击了以碳排放产生国来划分环保责任的依据。当前国际贸易的现实是,中国、印度等发展中国家是贸易的净出口国,而美国、日本等国是贸易的净进口国,发展中国家产品和服务的生产很大一部分要用于发达国家的消费,这就造成了发展中国家承担了发达国家的碳排放,也就被动承担了发达国家的环保任务(Davis & Caldeira,2010)。这种环保责任依据是建立在当前市场环境中,突破原来的“生产者责任”原则,采用“消费者责任”原则突出贸易环境中的排放权和环保责任的公平性,但是又会丧失原有“生产者责任”原则的优势,因此引入“消费者责任”原则来完善原有的环保责任划分,可以避免上述提出的环保责任划分依据的部分质疑(Peters,2008;Munksgaard & Pedersen,2001)。

上述几种环保责任划分的原则基本上得到了国内外的认可,同时也被落实到国际环保合作的实践当中。但是不同划分原则之间有优劣对比以及原则之间存在冲突,中国作为发展中国家的一员,有自身独特的国际角色且尚存在诸多不平衡的国家现状,使得中国必须要从公平利益的维护角度,找到修正中国国际环保责任的不同切入点,而国际贸易中的隐含能源就是一个日益被认可的角度。

第二节 隐含能源对环保责任的冲击

隐含能源问题的重要性,不仅关系到中国能源地位的改观,由于隐含能源问题很大程度上与碳排放、环境问题紧密相关,因此还涉及中国所承担碳减排承诺的公平性与贡献度。在国际贸易方面,根据“消费者责任”的原则，产品和服务的进出口承载着碳排放的流动，也就代表环保责任因为国际贸易实现了最终主体的转移。而本书的隐含能源研究，则是从国际贸易角度深入分析中间投入，而非初始投入的能源消耗，并以此探讨进出口产品中可能隐藏更多碳排放的问题。

一、隐含能源承载的碳排放

第三章和第四章分析了中国隐含能源的流动情况，以及与代表性国家和地区的情况对比，基本得出了以中国为代表的发展中国家是隐含能源的净流出国，而以美国为代表的发达国家是隐含能源的净流入国的结论，而且这种流动情况自2000年就已经存在。中国产品和服务的出口在带动隐含能源流出的基础上，实际上是将中间能源消耗产生的碳排放留在了国内，而且由于隐含能源概念的隐蔽与长期缺失，造成了这部分碳排放没有被计入国际环保责任框架。在全球化趋势成为主流的背景下，世界市场几乎将所有国家和地区囊括进来，产品和服务贸易规模和频率的激增，隐含能源的规模在所有国家贸易中所扮演的角色不断加强，而现有环保责任的划分并未包含该碳排放转移的部分，因此有可能造成中国等隐含能源净流出国的污染加剧、环保责任不合理增加等问题。本章就第三章中国隐含能源的测算结果，来分析该部分碳排放规模的变动与现状。

在单位能源的碳排放水平估算上，国家发展和改革委员会能源研究所给出了1吨标准煤会产生0.67吨碳的排放系数，美国的标准为0.69，日本的标准则为0.68，本章以中国的排放系数为主来进行隐含能源碳排放规模的估算。根据2000~2014年中国隐含能源在国际贸易中的流动，这部分能源在使用过程中也导致了大规模的碳排放，中国进口贸易造成的隐含能源进口，会在贸易对象国产生碳排放，这一规模从2000年的1.3306亿吨增加到2014年的3.5028亿吨，十五年累计碳排放规模为38.9648亿吨；相反地，中国出口也造成隐含能源的流出，也就会在中国留下大规模的碳排放，该规模从 2000 年的 2.6691 亿吨增加到 2014 年的 9.9937 亿吨，十五年累计碳排放规模为 101.4277 亿吨；由于隐含能源长期处于净流出的状态，中国就一直处于隐性的资源流出、污染遗留的贸易地位，遗留下来的碳排放规模从 2000 年的 1.3385 亿吨增加到 2014 年的 6.4908 亿吨，十五年累计碳排放规模为 62.4629 亿吨（见表 6-1）。而且，与隐含能源的流动情况相对应，工业领域同样是碳排放遗留规模最大的领域。

表 6-1　2000~2014 年中国隐含能源流动产生的碳排放　　单位：亿吨

年份	进口	出口	净流出
2000	1.3306	2.6691	1.3385
2001	1.4268	2.7076	1.2808
2002	1.6730	3.2194	1.5464
2003	1.9449	4.2506	2.3058
2004	2.1956	5.4419	3.2463
2005	2.3292	6.4242	4.0951
2006	2.4935	7.4303	4.9368
2007	2.6180	8.1260	5.5080
2008	2.7798	8.1189	5.3392
2009	2.6996	6.8518	4.1522
2010	3.2443	7.9901	4.7459
2011	3.6808	8.7071	5.0263
2012	3.4313	9.6947	6.2634
2013	3.6147	9.8022	6.1875
2014	3.5028	9.9937	6.4908
累计量	**38.9648**	**101.4277**	**62.4629**

资料来源：根据第三章中国隐含能源测算结果，以及国家发展和改革委员会能源研究所网站（网址：http://www.eri.org.cn/）数据，进行计算后得到的结果。

由此可以看出，中国在融入世界市场的过程中，中国的环保责任就不再单纯，既是碳排放的受害国，同时也从其他国家的碳排放中获得了利益，但是立足总规模，中国等发展中国家仍处于弱势地位，即以大规模的能源消费和污染物排放用以支持其他国家的消费，而且市场经济中的"等价交换"几乎掩盖了这部分污染实际应支付的成本，也就是说，国家贸易价格并没有为产品生产国和服务提供国的环境污染支付额外的成本，这部分环保责任也由生产国进行消化。特别是，中国隐含能源出口所带来的碳排放规模巨大，且随着贸易规模的扩大，年度碳排规模和累计碳排规模还会继续扩大，如果按照"消费者负责"原则将这部分碳排放引入环保责任的划分和实现中，必将进一步落实代际间环保责任的不公平，以及不同发展程度国家间环保责任的不平衡问题。因此，引入隐含能源概念，会冲击当前的国际减排目标和责任划分，而且在这种情形下，公平性会更倾向于中国等发展中国家，是国家环保话语权的重要支撑。

二、中国国际环保责任承诺的完善

从《京都议定书》到《巴黎协定》，中国都一直是国际碳减排和国际环保责任的重要参与者和积极推动者。通过长期国际环保合作、环保目标的阶段性实现可以发现国际保护责任划分的基调，以及中国环境保护的潜力和压力。

《京都议定书》旨在协调和督促全球所有国家的碳减排工作，避免全球气候变暖，随着主要的排放国家陆续签订该协议，得到占全球温室气体排放量55%以上的至少55个国家的批准，使得该议定书成为具有法律约束力的国际公约，《京都议定书》第一承诺期开始施行。第一期按照"共同但有区别的责任"原则和历史排放的情况，首先对工业化发达国家提出减排要求，即发达国家从2005年开始承担减少碳排放量的义务，2008~2012年，实现六种温室气体排放量在1990年基础上平均减少5.2%，并计划发展中国家从2012年开始承担减排义务。经过长达八年的谈判，经历南北阵营及欧盟、"伞形集团"、发展中国家等力量的角逐，多哈会议达成《京都议定书》第二承诺期，自 2013 年开始承担减排任务，将 2020 年发达国家的减排量扩大到 1990 年规模的 40%，并且要支持发展中国家的减排工作。两次承诺期，其实发展中国家都不是具体承诺目标的主体，除了环保责任公平性的考虑外，还在于发展中国家的现实，不同国家的发展程度差异过大，国家集团内部利益取向逐渐多元化，在减排问题上立场分化，既不能扭转发达国家对国际减排工作的控制，也没有形成具体的减排目标，或者说难以确定可推行的减排目标。

由于美国等重要的发达国家和碳排放国家退出《京都议定书》，就意味着这一国际环保合作的现实性破裂，因此同样在联合国气候变化框架公约（UNFCCC）下达成新的全球碳减排协定《巴黎协定》，在 2020 年《京都议定书》第二承诺期结束后，旨在"把全球平均气温较工业化前水平升高控制在 2 摄氏度之内，并为把升温控制在 1.5 摄氏度之内而努力"，而且目标原则转为各国将以自下而上式的"国家自主贡献"方式参与全球应对气候变化行动，而非之前自上而下式的温室气体减排量的强制性分配，同时为了保证在自主环境下实现减排目标，要求自 2023 年开始每 5 年进行一次全球应对气候变化总体盘点，以小目标促使和保证大目标的实现。

从本质上看，这两个版本的国家减排协议，出于国际环保责任划分依据的考虑，都没有对中国等发展中的减排目标作出详细的规定，而且这些目标的约束力进一步下降。而在这一过程中，中国作为全球负责任的大国，出于维护本国公民合法权益的角度，主动向联合国气候变化框架公约秘书处提交了节能减排目标，即"二氧化碳排放 2030 年左右达到峰值并争取尽早达峰，单位国内生产总值二氧化碳排放比 2005 年下降 60%～65%"。中国节能减排的力度与阶段性成果是举世瞩目的，也赢得了世界的认可。

全球减排环保责任的划分与中国节能减排责任的承诺，在目标上是一致的，但是从目标的根本性质上看，两种目标在国家公平性、世代公平性和经济补偿性等很多方面隐藏着很多问题，极有可能会影响中国及其他地区节能减排工作的可持续性。而从国际环保责任的划分到节能减排的具体工作，隐含能源及其产生的碳排放，对其提出了新的完善：首先，肯定"生产者负责"的原则仍是国际环保责任划分的一个主要依据，这是由于当前环境问题是生态破坏、污染物排放的累计结果，而且全球化以前各个国家的发展更多的是立足本国区域，以国家作为生产主体来为过去的污染负责是符合代际公平的，而且当前本国地区仍是发展的主体区域，仍可以以生产能力来决定国家碳减排责任的基准水平；其次，更加坚定将"消费者责任"原则引入国家环保责任的划分，随着国际市场贸易规模的扩大，产业链条的全球布局，隐含能源流动规模的扩大，而且形成发展中国家向发达国家的净流动情况，并由此引发大规模的碳排放被遗留在发展中国家的现状，从这一角度看，作为产品和服务的最终消费者有义务对这部分碳排放负责，作为"生产者负责"原则的平等补充；最后，从市场经济的成本与效率来看，隐含能源碳排放的引入更有利于减排环保目标的实现，尽管中国主动承诺承担了大量的节能减排任务，但是并没有得到其他污染制造国家的补偿和成本支付，这不仅违背了国际环保责任划分的公平原则，而且会在某种程度上助长发达国家继续增加碳排的冲动、降低发展中国家的环保动力，因此将隐含能源及隐含碳排放纳入国际环保框架，有利于碳权、碳税等长期市场框架的搭建。

第三节　隐含能源对中国环保政策的冲击

一、中国环保政策现状

国内外学界已经达成共识，能源在工业乃至国家经济发展中具有不可替代的意义，因此能源政策的提出、实施、效果等是国内外研究的重点。国家的环境保护政策是包括多领域、多方面的公共政策，可以涉及空气污染政策、气候变化政策、水污染政策、废弃物政策等内容，既可以采用市场行为，也可以采用行政手段（保罗·R.伯特尼和罗伯特·N.史蒂文斯，2004）。虽然中国经济快速发展的时间不过几十年，却没有走上发达国家先污染后治理的老路，而是很早就意识到环境保护的意义和重要性，并形成了中国环境保护的政策框架，一个相对成熟的框架。

20世纪70年代是中国环境保护政策的开端，从这一时期开始，中国开始构建国家层面的保护政策框架。1972年中国代表团参加联合国第一次人类环境会议，并于次年召开了中国第一次环境保护大会，会议通过了《关于保护和改善环境的若干规定》，开始了中国的环保事业。国务院于1974年10月成立了环境保护领导小组，主要负责环境保护方针、政策和规定的制定，组织协调全国各地区、各部门之间的环保工作①。1978年，第五届全国人民代表大会上将环境保护列入《中华人民共和国宪法》，明确规定国家对生态环境和自然资源的保护，在此基础上，1979年9月，中国颁布了《中华人民共和国环境保护法（试行）》，作为第一部综合性的环境保护基本法，把国家环境保护的基本方针、政策等更为详细地做出阐释并形成具有强制力的法律条文，也是在该法颁布后，很多单行的环保法规被陆续颁布。

经历了20世纪70年代的起步，中国的环保政策在80年代形成了初步的框架体系。在此期间，国务院陆续做出了加强环境保护工作、防治工业污染的决定和规定；《中华人民共和国海洋环境保护法》《中华人民共和国水污染防治法》等单行环保法规被颁布，经过十年试行的《中华人民共和国环境保护法》也于1989年正式颁布；同时还成立了专门负责环境保护的机构和单位，如国务院环境保护委员会、国家环保局等。经过该时期的继续发展，中

---

① 中华人民共和国生态环境部.1974年10月国务院环境保护领导小组正式成立［EB/OL］. http：//www.zhb.gov.cn/zjhb/jgls/lsyg/201605/t20160511_343531.shtml，2018-3-5.

国环保工作形成了"三大政策",即"预防为主,防治结合;谁污染,谁治理;强化环境管理",并围绕政策框架提出了"新五项制度",即环境保护目标责任制、城市环境综合整治定量考核制度、排污许可证制度、污染集中制度和限期治理制度。这就基本搭建起中国环境保护工作的政策体系,此后在该体系的基础上继续补充和完善。

20 世纪 90 年代是中国环境保护政策日臻成熟的阶段。在此阶段,国家发展与环境保护之间的关系,以及可持续发展理念是较为鲜明的主题,站在更为广阔和长远的角度来看待和处理中国的生态环境问题。在此阶段,由工业领域造成的污染问题是政策和实践工作的重点,从单一环节或单一指标的改善,向全流程、总量结果的切实进一步转变,并以工业污染防治为契机,在"九五"期间集中整治了"三河"(淮河、海河、辽河)、"三湖"(太湖、巢湖、滇池)、"两区"(酸雨控制区、二氧化硫污染控制区)、"一市"(北京市)、"一海"(渤海)的污染问题,并取得了显著成效。

21 世纪是中国工业化进程和国家经济发展取得卓越成绩的时期,同时也是中国环境保护政策取得极大进展的时期,也是环境保护工作取得极大成果的时期。在这一时期,环境保护已经成为国家和地方政府工作规划中的固定内容,国务院陆续出台关于节能减排、发展循环经济、建设节约型社会等内容的通知、意见和决定,环境保护的法律体系则更加丰富和具体,《清洁生产促进法》《环境影响评价法》《水污染防治法》《大气污染防治法》等法律被陆续通过或修订。在此阶段,中国的环境保护政策体系进一步完善,形成以"科学发展观"为中心,将"建设资源节约型和环境友好型社会"和"节能减排"作为两个重要抓手,以"清洁生产""循环经济""环境经济政策调控"为主要途径的政策框架。

二、中国环保政策的调整

关于隐含能源的研究越来越多、越来越深入,更加确认研究隐含能源及其碳排放不仅有助于厘清中国对外贸易中的实际能源地位和在产业链中的角色，并且会对中国当前和未来的节能减排责任产生新的认识，同时在国际气候谈判中获得有利地位和应有的尊重。在从隐含能源及其碳排放视角来分析中国环保政策方向时，可以做出以下调整和改进。

首先，中国环保政策面临与对外贸易政策相结合的方向。中国生态环境保护工作的内容，在立足国内发展现状进行减排的同时，还要结合国际市场调整和完善国内政策方向。由于中国仍处于经济增长期，单纯地减少能源消耗和碳排放规模很容易出现竭泽而渔的状况，因此从降低能源消耗强度、减少单位碳排放角度找到可持续实现环境保护的方向，才能有效降低污染物排放增长的速度。采用税收减免、财政支撑等方法鼓励技术研发以实现降能耗、减碳排外，中国环保政策还应该注意外贸结构和全球产业链角色转移等方面。根据之前中国隐含能源流动情况的分析，中国的出口更倾向于制造业，多为能源消耗较大但价值有限的部门，也就是说中国在国际贸易中仍处于中下游的位置，而金融危机后中国产业结构优化的效应初步展现。因此，中国在环保政策的制定中，要与中国当前经济增速放缓、产业结构转型升级的发展总方略相适应，鼓励中国产品在出口中摆脱单纯的产品生产种类的变换，而是在频繁的国际贸易中布局自己的产业链，由低价值、高能耗、高污染的加工制造端，向附加值高、低能耗、低污染的产业链的两端过渡，这既不与中国发展战略、贸易增长的现实相矛盾，还可以真正实现能耗强度的降低，避免过多的污染物和碳排放滞留在中国本土。

其次，中国环保政策还需要推动全球碳市场的合理建立。碳排放交易市场，是从实现减排目标、兼顾不同国家减排能力、环保责任公平性等角度出发而建立的，可以利用市场行为实现污染者付费、保护者受益，这种形式更容易促进各个国家之间的环保合作，将生态环境的成本与收益分摊到全球。中国自加入世界贸易组织后，隐含能源的流动规模已经扩大到不容忽视的程度，而且产生了大量的碳排放遗留在中国本土，计入中国的碳排放规模，在越来越多的发展中国家融入全球市场，这部分碳排放规模面临必然扩大的趋势，因此在碳交易市场中，中国有必要开始推动发展中国家碳排放权分配的改进，将国际贸易中遗漏的碳排放加入考虑范畴；而且随着投入产出分析的发展，这部分碳排放的规模已经日益准确，或者可以考虑将国际贸易中的这部分谈判直接放入市场，由贸易对象国进行补偿。

最后，继续积极推动国际气候谈判的完善。从当前国际贸易的发展到隐含能源的流动，再到对碳排放问题的重新思考，都很大地冲击了针对同一代际内污染问题解决的"生产者责任"原则，而是更加确定了"消费者责任"原则，即最终消费者在没有支付额外成本、消费产品和服务的同时，有必要对生产过程中产生的污染承担相应的责任，并对生产国支付额外的成本。因此，中国从当前自身的国际贸易现状和未来可能的市场角色来看，有必要积极参加国际气候谈判，推动"消费者责任"原则的真正理解和接受，立足本国当前和未来的利益，尽量将隐含能源及其碳排放等相关内容纳入国际环保责任框架。而且，这部分内容在很大程度上还关系到印度等其他发展中国家的切身利益，因此在国际谈判和环保写作中，中国有必要与其他相同境况的国家进行合作，形成合力共同推动国际气候谈判更加公平。

本章小结

能源及其相关问题关系到国际碳减排和国家环保责任划分的问题，国家作为世界独立主体，在被赋予资源权益的同时，必然要承担环境保护的责任与义务，环境问题的全球化刺激国际环保协作的推进，并在这一过程中形成了历史排放在代际间的平衡原则，同一时期出于对排放能力的考虑，兼顾不同国家减排能力，逐渐形成了"生产者责任"原则与"消费者责任"原则的融合。而全球化还带来了全球贸易规模的急速扩张，由此带来隐含能源及其产生的碳排放规模也迅速扩张，已经成为当前碳排放总规模中不容忽视的一部分，对以产地为主的碳排放格局造成冲击，再次确认有必要合理引入"消费者责任"原则，这对全球生态环保责任的划分更为公平，也有效支持了中国节能减排工作的贡献度和责任感。而且还对当前中国的节能减排工作和环保政策提出新的方向，在积极从技术、政策等角度推动节能减排的同时，重视对外贸易中产生的隐性能源消耗和碳排放问题，适应当前中国经济增速放缓、产业结构转型升级的发展战略，促进出口结构调整，向国际贸易产业链的两端转移，并与其他发展中国家合作，推动"消费者责任"原则的完善，重视发展中国家在国际贸易中既提供产品和服务，同时也承受者污染的代价，推动国际气候谈判对发展中国家的公平对待。

第七章 结论与展望

本书围绕国际贸易中的隐含能源进行研究，包括中国隐含能源的历史情况与现状，并与代表性国家和地区进行同期的对比分析，分析的重点集中在中国加入世界贸易组织和金融危机前后等时间点；同时由于在不同的时间阶段、不同的年份，国家和地区在隐含能源流出规模上也出现了具有不同特点的变化，因此本书还就重要时间阶段和连续年份的规模变化进行了结构分解分析，并评价了不同因素的影响效果。同时，能源的消费过程必然带来了不容小觑的碳排放规模，而隐含能源在不同经济体间的流动日益频繁、规模扩大，加之当前及很长一段时间内，实现全球碳减排的协同合作与进行国际环保责任的划分仍处于国家间谈判与博弈的过程中，隐含能源及其碳排放在很大程度上会冲击这种国际合作和国家减排承诺。总体来看，本书在隐含能源和国际贸易等经济方面得出了一些结论，但同时由于一些主客观原因的存在，本书的研究还存在不足，是今后完善和研究的方向。

第一节　主要观点和重要结论

本书从日益扩大的国际贸易入手，测算中国及主要代表性国家和地区的隐含能源规模，对隐含能源规模变动的影响因素进行分析，并针对隐含能源带来的碳排放遗留等问题，得出以下结论：

第一，中国是典型的隐含能源净出口国，且隐含能源的出口规模和净出口规模在近几年都表现出继续扩大的趋势，而隐含能源的进口规模则略有收缩。从这一角度来看，中国虽然消费了全球最大的能源份额，但实际上，中国为全球消费者提供商品和服务的同时，也出口了产品和服务中隐藏的能源，而且把污染留在了国内。国际上关于"中国能源威胁论""中国资源环境威胁论"等论调是完全错误的。尽管我国每年进口大量的石油、天然气等能源，但同时我国又以更大的规模在出口能源，只不过这种出口的方式是以隐含流的方式进行。作为世界工厂，中国每年消耗的能源很大程度上是为生产出口产品而消耗的，中国的能源消耗很大程度上是一种替代消耗。

第二，我国通过农产品贸易流入的隐含能源规模大于流出规模，农业是典型的隐含能源流入行业。尽管工业是我国隐含能源净流出的主体，但是由于产业间贸易的存在，隐含能源流入和流出的重点行业存在交叉：隐含能源流出的重点集中在制造业，包括设备制造、纺织品制造、化学品制造和金属制造等；而隐含能源的流入集中在矿石及相关产品制造、金属制造、设备制造、化学品制造等行业，也包括制造业。服务业也是隐含能源净流出行业，隐含能源流动规模相对较小，交通设备和运输服务是能源流出的主体，而商业服务和社会公共服务是隐含能源的流入主体。可见，矿石产品、制造业产品、交通设备和运输服务等，是我国隐含能源净流出的突出行业。

第三，在全球隐含能源的流动框架中，随着全球化程度的加深，以及世界市场贸易合作的深入，隐含能源的全球流动更为频繁。2000～2014年，发达国家仍处于隐含能源的净流入地位，发展中国家仍为隐含能源的净流出国，进一步佐证，隐藏于贸易产品和服务内的能源，已经成为国家和地区能源需求的一项重要来源，却因为依托形式的隐秘、规模的狭窄而被忽略。这种流动方向与国家的工业化发展程度是相挂钩的，仍处于工业化过程中的经济体很容易成为工业化完成国家的制造市场和生产市场，成为能源消耗大、污染相对严重产业聚集的地区。而且发达国家净流入规模的扩大与发展中国家净流出规模的扩大是相辅相成的，工业化完成与推进工业化的时间差，使得发达国家倾向于将更多的产品生产和服务提供转移到发展中国家，这种转移必然会囊括更多的高能耗产品。

第四，隐含能源的流动必须依托于进出口贸易，因此金融危机对全球隐含能源的流动产生了深远的影响。金融危机后，中国隐含能源的流动规模放缓，欧盟、日本、俄罗斯等国家或地区的隐含能源规模则处于波动状态，截止到2014年都没有形成显著的未来发展趋势。但是美国和印度在危机后呈现出稳定的调整方向，这取决于这两个国家的独特性：次贷危机引发美国对实体经济空心化的重视，适时推出"再工业化"政策并坚定实施，这个政策的贯彻离不开美国坚实的工业基础以及美国在国际市场中的独特地位等因素，这就造就了危机后美国隐含能源净流入规模持续收缩的现实；而危机后的印度卢比贬值，政府继续实行强势的经济发展策略，大量吸引国外资本，补贴出口，鼓励产业出口创汇等，特别是在中国提升产业机构的契机下，印度成为全球资本和生产力的庇护所，这必然带来隐含能源净流出规模的继续攀升。与此同时，美国通过"再工业化"再度恢复出口实力，欧盟的对外贸易壁垒逐渐显现，日本和韩国则更加重视高新技术产业，这直接或间接地导致中国隐含能源净出口规模的放缓，倒逼中国产业结构转型升级，继续提高能源利用效率。

第五，中国凭借金融危机的契机，以降低经济增速为代价实现产业结构的调整与完善，最终结果必然会带来能源消耗的降低和隐含能源净流出现状的改善，但是这种调整却面临着多重冲击。第一个冲击来自美国发展策略的变化和其他发达国家的潜在挑战，金融危机后美国重新将工业发展纳入国家策略，这带来美国出口结构向工业领域的转移，也必然会对中国的工业出口结构形成上部挤压，而且随着经济的逐渐恢复，其他老牌工业国家也有可能会实行与美国类似的发展策略；同时，印度实行与中国截然相反的危机后的发展策略，进一步加强危机前的经济快速增长和鼓励出口的发展方向，表现出取代中国成为世界的潜力和趋势，而且印度的工业发展失衡、工业化程度低于中国，这必然带来对中国出口结构的底部挤压。因此，中国产业结构调整与出口结构优化，既要应对国内经济压力，又面临国际市场的竞争，危机后的双重压力是中国继续发展的考验。

第六，出口贸易规模的变化在很大程度上决定了隐含能源流出规模的变动，特别是出口规模缩小会带来隐含能源流出规模的急剧下降，在世界市场已经搭建、全球化趋势成形的背景下，进出口贸易的频繁必然使得国家出口规模增长趋势的不可逆，因此隐含能源出口规模增长以外的其他因素才是减少实际能源消耗和隐含能源流出的关键。技术进步一直是抵消、遏制隐含能源流出规模持续扩大的最为重要的因素，不管是技术开发水平相对先进的发达国家，还是积极进行科技研发的发展中国家，能源消耗技术水平处于总体提升的状态，从根本上减少了能源的消耗，也带动了隐含能源流出规模的收缩。出口结构在隐含能源出口规模变动中的效应较弱，拉动作用并不显著，但是在金融危机后，当面临国际贸易受挫的考验时，出口结构调整所带来的隐含能源出口规模的减少效应被突出并放大。金融危机后到2014年，中国产业结构优化带来的出口调整，有效减少了隐含能源的生产规模和出口规模。

第七，能源使用与碳排放问题联系紧密，隐含能源及其带来的碳排放对当前的国家节能减排工作和国际气候谈判产生了影响，也提供了新的思考方向。根据隐含能源的分析，产业链的全球布局使得产品生产的中间环节与最终消费在地域上是分隔的，而且从事中间生产的国家和地区承担着能源消耗和污染排放的代价，而最终消费的国家和地区却并未对环境外部性进行支付。因此，立足于隐含能源，国家的环保责任应该从生产方责任转移到消费者责任，或者应将消费者责任纳入全球环保权责分配中。而且，中国在环保政策的制定中，要与中国当前经济增速放缓、产业结构转型升级的发展总方略相适应，鼓励中国产品在出口中摆脱单纯的产品生产种类的变换，而是在频繁的国际贸易中布局自己的产业链，由低附加值、高能耗、高污染的加工制造端向附加值高、低能耗、低污染的产业链的两端过渡。

第二节　研究的局限与展望

本书在研究方法和研究内容上还存在着不足之处，这也是未来研究的努力方向。主要包括以下几方面：

第一，在研究范围中，本书建立的是全球隐含能源的流动框架，但最终测算的结果仅局限在中国，以及与中国形成对比分析的代表性国家和地区，没有形成全球性的隐含能源流动地图。这种分析虽然将中国隐含能源流动详细化，代表性国家和地区也基本可以代表全球隐含能源的流动情况与特征，但是这种分析在获得总体分析相对准确的基础上，难以避免地放弃了所有国家和地区在所有行业流动的精准性。因此在接下来的研究中，要补充现有计算结果，完善并建立全球的隐含能源流动体系。

第二，从计算结果的精准度来看，本书隐含能源的测算结果在精简计算过程的同时，舍弃了结果的部分准确性。本书对隐含能源的测算过程中，在隐含能源流入侧的计算都是选取了代表性国家的相关数据，作为对应贸易地区的计算基准，但是由于所有的系数都精确到35个行业，而每一个国家和地区在行业内的差距难以忽略，因此会造成隐含能源流入规模计算的偏差。因此，在接下来的测算和研究中，可以按照国家和其所有系数——对应的原则，不再使用代表性系数，而直接采用本国和本地区的实际系数计算，这将与上面全球隐含能源流动框架共同详细描绘隐含能源流动方向和规模。随着越来越多的国家和地区逐步重视，很多国家、大学和研究机构等开始公布能源消耗数据和国家投入产出表数据等，这就可以有效避免数据延展带来的误差，此后的计算将会更加精确。

第三，本书从隐含能源角度简单估算出生产过程碳排放规模的情况，并以此来质疑和完善全球气候谈判和供给责任划分，虽然构成了冲击来源，但是质疑力度不够。接下来的研究会从节能环保和国际谈判的角度，将隐含能源与隐含碳排放这个概念联合分析，全面分析在国际贸易中，中国及发展中国家在提供产品和服务时，将能源消耗和污染排放遗留在本土的情况，落实全球污染和环保责任被忽略的规模，并将其转换为气候谈判的依据。

参考文献

英文文献

［1］Absul Rahman Mohamed，Keat Teong Lee. Energy for Sustainable Development in Malaysia：Energy Policy and Alternative Energy ［J］. Energy Policy，2006（34）：2388-2397.

［2］Adriana Estokova，Silvia Vilcekova，Milan Porhincak. Analyzing Embodied Energy，Globalwarming and Acidification Potentials of Materials in Residential Buildings ［J］. Procedia Engineering，2017（180）：1675-1683.

［3］Aniket Sharma，Bhanu M. Marwaha：A Methodology for Energy Performance Classification of Residential Building Stock of Hamirpur ［J］. HBRC Journal，2015：337-352.

［4］An Qier，An Haizhong，Fang Wei，Wang Langa. Embodied Energy Flow Network of Chinese Industries：A Complex Network Theory Based Analysis ［J］. Energy Procedia，2014（61）：369-372.

［5］Anwar A. Gasim. The Embodied Energy in Trade：What Role does Spoecialization Play ［J］. Energy Policy，2015（86）：186-197.

［6］Baer P. ，Athanasiou T. ，Kartha S. ，Kemp Benedict E. The Greenhouse Development Rights Framework, 2nd Ed [M]. Heinrich Boll Foundation, Christian Aid, EcoEquity and the Stochkholm Environment Institute, 2008.

[7] Beckerman W. , Pasek J. The Equitable International Allocation of Tradable Carbon Emission Permits [J]. Global Environmental Change, 1995 (5): 405-413.

[8] Borjesson P. , Gustavsson L. Greenhouse Gas Balances in Building Construction: Wood Versus Concrete from Life-cycle and Forest Land-use Perspectives [J]. Energy Policy, 2000 (28): 575-588.

[9] Born P. Input-output Analysis: Input of Energy, CO_2 and Work to Produce Goods [J]. Journal of Policy Modeling, 1996 (18): 217-221.

[10] Brown M. T. , Herendeen R. A. Embodied Energy Analysis and EMERGY Analysis: A Comparative View [J]. Ecological Economics, 1996, 19 (3).

[11] BW Ang, F. Q. Zhang, E. P. Chew. A Decomposition Technique for Quantifying Real Process Performance [J]. Production Planning & Control, 2000, 11 (4): 314-321.

[12] Bullard, C. W. , Penner, P. S. , Pilati, D. A. Net Energy Analysis-handbook for Combining Process and Input-output Analysis [J]. Resources and Energy, 1978 (1): 267-313.

[13] Caney S. Cosmopolitan Justice, Responsibiliuty, and Global Climate Chanage [J]. Leiden Journal of Internatioanl Law, 2005 (18).

[14] Christoph Bohringer, Thomas F. Rutherford. Combining Bothom-up and Top-down [J]. Energy Economics, 2007: 1-23.

[15] Christoph Bohringer. The Synthesis of Bottom-up and Top-down in Energy Policy Modeling [J]. Energy Economics, 1998, 20 (3): 233-248.

[16] Corrado Carbonaro, Ylenia Cascone, Stefano Fantucci, Valentina Ser-

ra, Marco Perino, Marco Dutto. Energy Assessment of a PCM-embedded Plaster: Embodied Energy Versus Operational Energy [J]. Energy Procedia, 2015 (78): 3210-3215.

[17] C. Mitchell, P. Connor. Renewable Energy Policy in the UK 1990-2003 [J]. Energy Policy, 2004, 32 (17): 1935-1947.

[18] Commission of the European Communities. An Energy Policy for Europe [Z]. 2007.

[19] Costanza, R. Embodied Energy and Economic Valuation [J]. Science, 2010 (4475): 1219-1224.

[20] Dong L., H. Dong, T. Fujita, Y. Geng, M. Fujii. Costeffectiveness Analysis of China's SO_2 Control Strategy at the Regional Level: Regional Disparity, Inequity and Future Challenges [J]. Journal of Cleaner Production, 2015 (90): 345-359.

[21] E. A. Hudson, D. W. Jorgenson. Energy Policy and Economic Growth, 1975-2000 [J]. Bell Journal of Economics & Management Science, 1974, 5 (2): 461-514.

[22] Francesco Pomponi, Alice Moncaster. Embodied Carbon Mitigation and Reduction in the Built Environment-What does the Evidence Say [J]. Journal of Environmental Management, 2016 (181): 687-700.

[23] Giovani Machado, Roberto Schaeffer, Ernst Worrell. Energy and Carbon Embodied in the International Trade of Brazil: An Input-output Approach [J]. Ecological Economics, 2001 (39): 409-424.

[24] Gilbert E., Metcalf. Energy Conservation in the United States: Understanding Its Role in Climate Policy [J]. NBER Working Paper, 2006 (12272), JEL No. Q4.

［25］Gloria, T. A Dynamic Life-cycle Approach ［Z］//Weidema, B. P. , Nielsen, A. M. （Eds. ）, Input/Output Analysis-Shortcuts to Life Cycle Data? Environmental Project No. 581, Miljostyrelsen, Ministry for Environmental and Energy, Copenhagen, Denmark, 2001: 76-86.

［26］Glen P. Peters, Edgar G. Hertwich. CO_2 Embodied in International Trade with Implications for Global Climate Policy ［J］. Environmental Science and Technology （Impact Factor: 5. 26）, 2008, 42 （5）: 1401-1407.

［27］Grubler A. , Fujii Y. Inter-generaational and Spatial Equity Issues of Carbon Accounts ［J］. Energy, 1991 （16）.

［28］Gosseries A. Historical Emissions and Free-Riding ［J］. Ethical Perspectives, 2014 （11）.

［29］Hendrickson C. , Horvath A. , Joshi S. , Lave L. Economic Input-output Models for Environmental Life-cycle Assessment ［J］. Environmental Science and Technology, 1998 （32）: 184A-191A.

［30］Hongtao Liu, YouminXi, Ju'e Guo, Xia Li. Energy Embodied in the International Trade of China: An Energy Input-output Analysis ［J］. Energy Policy, 2010 （38）: 3957-3964.

［31］Hondo H. , Sakai S. Preliminary Life Cycle Inventory Analysis （Pre-LCI） Using an Economic Input-output Table ［Z］. The Fourth International Conference on EcoBalance, Tsukuba, Japan, 2000: 181-184.

［32］Hongmei Zheng, Brian D. Fath, Yan Zhang. An Urban Metabolism and Carbon Footprint Analysis of the Jing-Jin-Ji Regional Agglomeration ［J］. Journal of Industrial Ecology, 2016 （21）: 166-179.

［33］J. Nicholls, R. Mawhood, R. Gross, A. Castillo. Evaluating Renewable Energy Policy: A Review of Criteria and Indicators for Assessment ［M］. International Renewable Energy Agency, 2014.

［34］K. H. Solangi, M. R. Islam, R. Saidur, N. A. Rahim, H. Fayaz. A Review on Global Solar Energy Policy ［J］. Renewable & Sustainable Energy Reviews, 2011, 15 (4): 2149-2163.

［35］Kondo Y., Moriguchi Y. CO_2 Emissions in Japan: Influences of Imports and Exports ［J］. Applied Energy, 1998, 59 (2-3): 163-174.

［36］Kreith F., Norton P., Brown D. A Comparison of CO_2 Emissions from Fossil and Solar Power Plants in the United States ［J］. Energy, 1990 (15): 1181-1198.

［37］Lenzen M. Greenhouse Gas Analysis of Solar-thermal Electricity Generation ［J］. Solar Energy, 1999 (65): 353-368.

［38］Lenzen M., Dey C. J. Truncation Error in Embodied Energy Analyses of Basic Iron and Steel Products ［J］. Energy, 2000 (25): 577-585.

［39］Mathieu Bordigoni, AlainHita, Gilles Le Blanc. Role of Embodied Energy in the European Manufacturing Industry: Application to Short-term Impacts of a Carbon Tax ［J］. Energy Policy, 2012 (43): 335-350.

［40］Masahiro Sato, Ali Kharrazi, Hirofumi Nakayama, Steven Kraines, Masaru Yarime. Quantifying the Supplier-portfolio Diversity of Embodied Energy: Strategic Implications for Strengthening Energy Resilience ［J］. Energy Policy, 2017 (105): 41-52.

［41］Meimei Zhang, Zhifeng Wang, Chao Xu, Hui Jiang. Embodied Energy and Emergy Analyses of a Concentrating Solar Power (CSP) System ［J］. Energy Policy, 2012 (42): 232-238.

［42］M. Lenzen, G. Treloar. Embodied Energy in Buildings: Wood versus Concrete Freply to Borjesson and Gustavsson ［J］. Energy Policy, 2002 (30):

249-255.

［43］ Munksgaard, J. Pedersen. LINRAT － en Energirationeringsmodel for Danmark ［J］. Risø-M, No. 2611.

［44］ Nawaz G. , N. Tiwari. Embodied Energy Analysis of Photovoltaic (PV) System Based on Macro and Micro－level ［J］. Energy Policy, 2006 (34): 3144-3152.

［45］ Neumayer E. In Defence of Historical Accountability for Greenhouse Gas Emissions ［J］. Ecological Economics, 2000 (33) .

［46］ Nicola Lolli, Selamawit Mamo Fufa, Marianne Inman. A Parametric Tool for the Assessment of Operational Energy Use, Embodied Energy and Embod-ied Material Emissions in Building ［J］. Energy Procedia, 2017 (111): 21-30.

［47］ P. Chastasa, T. Theodosioua, D. Bikasa, K. Kontoleona. Embodied Energy and Nearly Zero Energy Buildings: A Review in Residential Buildings ［J］. Procedia Environmental Sciences, 2017 (38): 554-561.

［48］ Pere Fuertes. Embodied Energy Policies to Reuse Existing Buildings ［J］. Energy Procedia, 2017 (115): 431-439.

［49］ Philip J. Davies, Stephen Emmittb, Steven K. Firth. Delivering Im-proved Initial Embodied Energy Efficiency during Construction ［J］. Sustainable Cities and Society, 2015 (14): 267-279.

［50］ Pick, E. , Wagner, H. －J. Beitrag Zum Kumulierten Energieaufwand Ausgewahlter Windenergiekonverter ［M］. Arbeitsbericht Juli, Fachgebiet Okolo-gisch Vertragliche Energiewirtschaft, Universitat GH, Essen, Germany, 1998.

［51］ P. M. Fearnside. Greenhouse Gas Emissions from a Hydroelectric Reser-voir and the Energy Policy Implications ［J］. Water, Air & Soil Pollction, 2002, 133 (1): 69-96.

［52］ P. Zhou, B. W ang. Linear Programing Models for Measuring Economy－wide Energy Efficiency Performance ［J］. Energy Policy, 2008 (36): 2911-2916.

［53］ Ranran Yang, Ruyin Long, Ting Yue, HaihongShi. Calculation of Embodied Energy in Sino－USA Trade: 1997－2011 ［J］. Energy Policy, 2014 (72): 110-119.

［54］ Rhee H. C. , Chung H. S. Change in CO_2 Emission and Its Transmissions between Korea and Japan Using International Input－output Analysis ［J］. Ecol. Econ, 2006, 58 (4): 788-800.

［55］ Risse M. Who Should Shoulder the Burden? Global Climate Change and Common Ownership of Earth ［R］. HKS Working Paper, 2008.

［56］ Roberto Giordano, Valentina Serrab, Elisa Tortalla, Veronica Valentini, Chiara Aghemo. Embodied Energy and Operational Energy assessment in the Framework of Nearly Zero Energy Building and Building Energy ［J］. Energy Procedia, 2015 (78): 3204-3209.

［57］ Roberto Giordano, Valentina Serra, Enrico Demaria, Angela Duzel. Embodied Energy Versus Operational Energy in a Nearly Zero Energy Building Case Study ［J］. Energy Procedia, 2017 (111): 367-376.

［58］ R. Saidur, M. R. Islam, N. A. Rahim, K. H. Solangi. A Review on Global Wind Energy Policy ［J］. Renewable & Sustainable Energy Reviews, 2010, 14 (7): 1744-1762.

［59］ Sanmang Wu, Yalin Lei, Li Li. Resource Distribution, Interprovincial Trade, and Embodied Energy: A Case Study of China ［M］. Hindawi Publishing Corporation: Advances in Materials Science and Engineering, Volume, 2015.

［60］ S. Rath-Nagel, A. Voss. Energy Models for Planning and Policy Assessment ［J］. European Journal of Operational Research, 1981, 8 (2): 99-114.

[61] Steven J. Davis, Ken Caldeira and William C. Clark. Consumption - based Accounting of CO_2 Emissions [J] . Proceedings of the National Academy of Sciences of the United States of America, 2010, 107 (12): 5687-5692.

[62] Suzana Kahn Ribeiro, Joyashree Roy, Diana Urge-Vorsatz, Maria J Figueroa. Affordable Construction Towards Sustainable Build Review on Embodied Energy in Building Materials [J] . Current Opinion in Environmental Sustainability, 2013 (5): 229-236.

[63] Tang B. J. , Gong P. Q. Evaluating Newly Added Embodied Energy Inventory of China and the United States: An Economic Input-output LCA Model [R] . CEEP-BIT Working Paper, 2014.

[64] Weisz H. , F. Duchin. Physical and Monetary Input-output Analysis: What Makes the Difference? [J] . Ecological Economics, 2006, 57 (3): 534-541.

[65] Xijun He, Yanbo Dong, Yuying Wu, Guodan Wei, Lizhi Xing, Jia Yan. Structure Analysis and Core Community Detection of Embodied Resources Networks Among Regional Industries [J] . Physica A, 2017 (479): 137-150.

[66] Xu Tang et al. Trade-off Analysis Between Embodied Energy Exports and Employment Creation in China [EB/OL] . Journal of Cleaner Production, http://dx. doi. org/10. 1016/j. jclepro, 2015-08-12.

[67] Xu Tang, Simon Snowden, Mikael Hook. Analysis of Energy Embodied in the International Trade of UK [J] . Energy Policy, 2013 (57): 418-428.

[68] Xue Qu, Jing Meng, Xudong Sun, Bo Zhang. Demand-driven Primary Energy Requirements by Chinese Economy 2012 [J] . Energy Procedia, 2017 (105): 3132-3137.

[69] Xudong Sun, Xue Qu, Bo Zhang. Embodied Energy Uses by China's

Three Developed Regions [J] . Energy Procedia, 2016 (104): 80-85.

[70] Yan Zhang, Hongmei Zheng, Zhifeng Yang, Meirong Su, Gengyuan Liu, Yanxian Li. Multi-regional Input-output Model and Ecological Network Analysis for Regional Embodied Energy Accounting in China [J] . Energy Policy, 2015 (86): 651-663.

[71] Yasukawa S. , Tadokoro Y. , Sato O. , Yamaguchi M. Integration of Indirect CO_2 Emissions from the Full Energy Chain [M] //Comparison of Energy Sources in Terms of Their Full-energy Chain Emission Factors of Greenhouse Gases. IAEA Advisory Group meeting/Workshop, International Atomic Energy Agency, Beijing, China, 1994.

[72] Yan Xu, Erik Dietzenbacher. A Structural Decomposition Analysis of the Emissions Embodied in Trade [J] . Ecological Economics, 2014 (101): 10-20.

[73] Z. Y. Liu, Y. B. Guo, H. J. Cao, G. Y. Zhan, Z. Q. Liu. Embodied Energy in Dry Cutting Under Consumption of Tool and Materials [J] . Procedia CIRP, 2017 (61): 535-540.

[74] Zhu Liu, Yong Geng, Soeren Lindner, Hongyan Zhao, Tsuyoshi Fujita, Dabo Guan. Embodied Energy Use in China's Industrial Sectors [J] . Energy Policy, 2012 (49): 751-758.

中文文献

[1] 保罗·R. 伯特尼, 罗伯特·N. 史蒂文斯. 环境保护的公共政策 [M] . 穆贤清, 方志伟译, 上海: 上海三联书店, 上海人民出版社, 2004.

[2] 鲍健强, 朱逢佳. 从创建低碳经济到应对能源挑战——解读英国能源政策的变化与特点 [J] . 浙江工业大学学报 (社会科学版), 2009 (2):

148-154.

［3］陈红敏．中国对外贸易的能源环境影响——基于隐含流的研究
［M］．上海：复旦大学出版社，2011.

［4］陈凯，史红亮，刘艳萍．能源环境政策理论基础［M］．北京：经
济管理出版社，2013.

［5］陈迎，潘家华，谢来辉．中国外贸进出口商品中的内涵能源及其政
策含义［J］．经济研究，2008（7）：11-25.

［6］陈真亮．环境保护的国家义务研究［M］．北京：法律出版
社，2015.

［7］程春华．欧盟新能源政策与能源安全［J］．中国社会科学院研究生
院学报，2009（1）：113-118.

［8］崔连标，韩建宇，孙加森．全球化背景下的国际贸易隐含能源研究
［J］．国际贸易问题，2014（5）：113-123.

［9］丹尼尔·拉卡耶，迪亚哥·帕瑞拉．能源世界是平的［M］．欧阳
瑾译．北京：石油工业出版社，2017.

［10］党玉婷．中美贸易的内涵污染实证研究——基于投入产出技术矩
阵的测算［J］．中国工业经济，2013（12）：18-30.

［11］顾阿伦、何建坤等．中国进出口贸易中的内涵能源及转移排放分
析［J］．清华大学学报（自然科学版），2010（9）：1456-1459.

［12］郭朝先．中国碳排放因素分解：基于 LMDI 分解技术［J］．中国
人口·资源与环境，2010（12）：4-9.

［13］郭海涛.2015 年中国能源政策调整方向及重点研判［J］．国际石
油经济，2015（2）：19-22，109-110.

［14］胡晓群，颜健英，胡小丁．美国能源政策新趋势及对中国的借鉴
［J］．当代亚太，2006（2）：44-50.

[15] 黄晓勇. 中国能源的困境与出路 [M]. 北京：社会科学文献出版社，2015.

[16] 蒋雪梅，刘轶芳. 全球贸易隐含碳排放格局的变动及其影响因素 [J]. 统计研究，2010（9）：29-36.

[17] 靳晓凌，张义斌，葛旭波. 福岛核事故后日本能源政策展望 [J]. 能源技术经济，2012（3）：1-4，14.

[18] 郎春雷. 中国地区间能源消费差异研究 [M]. 北京：中国社会科学出版社，2013.

[19] 蕾切尔·卡逊. 寂静的春天 [M]. 吕瑞兰等译. 上海：上海译文出版社，中国青年出版社，2015.

[20] 李洁，王波，彭定洪. 中国能源强度的演变机理及情景模拟研究 [M]. 北京：中国矿业大学出版社，2014.

[21] 李坤望，孙玮. 我国进出口贸易中的能源含量分析 [J]. 世界经济研究，2008（2）：3-7，86.

[22] 廖建凯. 德国减缓气候变化的能源政策与法律措施探析 [J]. 德国研究，2010（2）：27-34，79.

[23] 廖明球. 投入产出及其扩展分析 [M]. 北京：首都经济贸易大学出版社，2000.

[24] 林伯强，李江龙. 基于随机动态递归的中国可再生能源政策量化评价 [J]. 经济研究，2014（4）：89-103.

[25] 林娅. 环境哲学概论 [M]. 北京：中国政法大学出版社，2000.

[26] 刘红. 2005 年国内外能源政策综述 [J]. 国际石油经济，2006（2）：13-19.

[27] 刘会政，李雪珊. 我国对外贸易隐含能的测算及分析——基于 MRIO 模型的实证研究 [J]. 对外经济贸易大学学报：国际商务版，2017

（2）：38-48.

　　［28］刘强．能源环境政策评价模型的比较分析［J］．中国能源，2008
（5）：26-31.

　　［29］吕延方．基于动态面板的能源政策约束下政策绩效评价［J］．宏
观经济研究，2014（2）：95-107.

　　［30］马涛，陈家宽．中国工业产品国际贸易的污染足迹分析［J］．中
国环境科学，2005（4）：508-512.

　　［31］倪红福，李善同，何建武．贸易隐含 CO_2 测算及影响因素的结构
分解分析［J］．环境科学研究，2012，25（1）：103-108.

　　［32］彭水军，刘安平．中国对外贸易的环境影响效应：基于环境投入
产出模型的经验研究［J］．世界经济，2010（5）：140-160.

　　［33］彭水军，张文城．国际碳减排合作公平性问题研究［J］．厦门大
学学报（哲学社会科学版），2012（1）：109-117.

　　［34］齐晔，李惠民，徐明．中国进出口贸易中的隐含能估算［J］．中
国人口·资源与环境，2008（3）：69-75.

　　［35］尚红云．中国能源投入产出问题研究［M］．北京：北京师范大学
出版社，2011.

　　［36］沈镭，刘立涛．中国能源政策可持续性评价与发展路径选择
［J］．资源科学，2009（8）：1264-1271.

　　［37］沈利生，唐志．对外贸易对我国污染排放的影响——以二氧化硫
排放为例［J］．管理世界，2008（6）：21-29，187.

　　［38］史丹．解决我国"十一五"能源供需矛盾的政策措施［J］．中国
能源，2006（5）：12-15.

　　［39］史丹．中国能源利用效率问题研究［M］．北京：经济管理出版
社，2011.

［40］史丹等．新能源定价机制、补贴与成本研究［M］．北京：经济管理出版社，2015.

［41］苏华，王磊．"丝绸之路经济带"建设背景下的我国与中亚能源合作新模式探析［J］．经济纵横，2015（8）：22-26.

［42］谭娟，陈鸣．基于多区域投入产出模型的中欧贸易隐含碳测算及分析［J］．经济学家，2015（2）：72-81.

［43］王衍行，汪海波，樊柳言．中国能源政策的演变及趋势［J］．理论学刊，2012（9）：70-73.

［44］王臻，赵定涛，洪进．消费者责任视角下的区域间碳减排责任分摊研究［J］．中国科技论坛，2012（10）：103-109.

［45］韦韬，彭水军．基于 MRIO 模型的中美贸易内涵能源研究［J］．软科学，2017（8）：39-42，70.

［46］韦韬，彭水军．基于多区域投入产出模型的国际贸易隐含能源及碳排放转移研究［J］．资源科学，2017（1）：94-104.

［47］沃西里·里昂惕夫．投入产出经济学［M］．崔书香译．北京：商务印书馆，1982.

［48］伍亚荣．国际环境保护领域内的国家责任及其实现［M］．北京：法律出版社，2011.

［49］谢建国，姜佩珊．中国进出口贸易隐含能源消耗的测算与分解——基于投入产出模型的分析［J］．经济学（季刊），2014（4）：1365-1392.

［50］徐盈之，邹芳．基于投入产出分析法的我国各产业部门碳减排责任研究［J］．产业经济研究，2010（5）：27-35.

［51］杨来科，张云．基于环境要素的"污染天堂假说"理论和实证研究——中国行业 CO_2 排放测算和比较分析［J］．商业经济与管理，2012

（4）：90-97.

［52］杨玉峰，韩文科，安琪．奥巴马政府一年来能源政策跟踪［J］．中国能源，2010（3）：9-12.

［53］尹显萍，程茗．中美商品贸易中的内涵碳分析及其政策含义［J］．中国工业经济，2010（8）：45-55.

［54］余光英，祁春节．国际碳减排利益格局：合作及其博弈机制分析［J］．中国人口·资源与环境，2010（5）：17-21.

［55］俞培果．日本能源政策抉择及对我国的启示［J］．现代日本经济，2012（6）：34-41.

［56］张彩虹，臧良震，张兰，高德健．能源政策模型在碳减排应用中的差异和 CIMS 模型的发展［J］．世界林业研究，2014（27）：7-13.

［57］张彩虹等．能源政策模型在碳减排应用中的差异和 CIMS 模型的发展［J］．世界林业研究，2014（3）：7-13.

［58］张坤民，何雪炀．中国的环境政策、能源政策和西部大开发［J］．重庆环境科学，2000（5）：1-5，8.

［59］张瑞．中国能源效率与其影响因素研究［M］．北京：经济日版出版社，2011.

［60］张为付，杜运苏．中国对外贸易中隐含碳排放失衡度研究［J］．中国工业经济，2011（4）：138-147.

［61］张炎治．中国能源强度的演变机理及情景模拟研究［M］．北京：中国矿业大学出版社，2010.

［62］张友国．区域碳减排的经济学研究评述［J］．学术研究，2017（1）：102-109.

［63］张友国．中国贸易含碳量及其影响因素——基于（进口）非竞争型投入产出表的分析［J］．经济学季刊，2010（9）：1287-1310.

［64］张雨微，赵景峰，刘航．出口贸易能源隐含流的测算及制度性因素分析［J］．中国科技论坛，2014（9），133-138.

［65］章辉，蒋瑛．基于方法改进后的中国对外贸易隐含能测算［J］．中国人口·资源与环境，2016（10）：94-102.

［66］章渊，吴凤平．基于LMDI方法我国工业废水排放分解因素效应考察［J］．产业经济研究，2015（6）：99-110.

［67］赵忠秀，王苒，Hinrich Voss，闫云凤．基于经典环境库兹涅茨模型的中国碳排放拐点预测［J］．财贸经济，2013（10）：81-88，48.

［68］郑义．中国能源消费、碳排放与经济发展［M］．北京：对外经贸大学出版社，2014.